Jörg Gneiting · Erfüllungsgehilfen der machtdurchwirkten Gesellschaft?

Erfüllungsgehilfen der machtdurchwirkten Gesellschaft? Die Reformulierung des Begriffs der Bildung durch Benjamin Jörissen, Rainer Kokemohr, Hans-Christoph Koller und Winfried Marotzki unter der Perspektive Foucaults betrachtet

Jörg Gneiting

Bibliografische Information der Deutschen Nationalbibliothek:
Die Deutsche Nationalbibliothek verzeichnet diese Publikation in der Deutschen Nationalbibliografie; detaillierte bibliografische Daten sind im Internet über http://dnb.dnb.de abrufbar.

Zugl.: Tübingen, Univ., Bachelorarbeit, 2017 u. d. T. Gneiting, Jörg: Erfüllungsgehilfen der machtdurchwirkten Gesellschaft? Die Reformulierungen des Bildungsbegriffs durch Marotzki, Koller & Co. unter der Perspektive Foucaults betrachtet

Herstellung und Verlag: BoD – Books on Demand, Norderstedt

ISBN: 978-3-7386-4497-5

Inhaltsverzeichnis

1 EINLEITUNG

Markus Rieger-Ladich hat 2014 in seinem Aufsatz „Walter White aka ‚Heisenberg'. Eine bildungstheoretische Provokation" darauf aufmerksam gemacht, daß sich in den letzten „gut fünfzehn Jahren"[1] die Verwendungsweise des Bildungsbegriffs in der Erziehungswissenschaft stark verändert hat. Es habe sich seither „hierzulande […] eingebürgert, Bildung als einen Prozess zu beschreiben, in dem jene Muster, welche unser Selbst- und Weltverhältnis organisieren, auf grundlegende Weise transformiert werden"[2] – ohne daß dabei bestimmt werden würde, nach welcher Richtung hin das geschehen sollte. Federführend bei dieser Neufassung des Bildungsbegriffs waren Rainer Kokemohr und seine Mitstreiter Hans-Christoph Koller und Winfried Marotzki. Der reformulierte Begriff hat eine steile Karriere hingelegt: er werde „gegenwärtig von einer ganzen Reihe von Fachvertreter/innen favorisiert"[3], stellt Rieger-Ladich fest. Ihn aber provoziert die Neufassung zu der

> „Frage, ob nun *jede* Transformation des Selbst- und Weltverhältnisses […] als Bildungsprozess ausgewiesen werden muss. Anders formuliert: Reicht es aus, auf inhaltliche Qualifikationen von Transformationsprozessen weitgehend zu verzichten? Sind also die fraglichen Transformationen *per se* als Bildungsprozesse zu begreifen? Und normativen Fragen gegenüber weitgehend unempfänglich?"[4]

Rieger-Ladich reagiert auf die neuen Bildungstheoretiker seinerseits mit einer Provokation: er nimmt die filmische Biographie des Walter White, der Hauptfigur der US-amerikanischen Fernsehserie „Breaking Bad", „als *Testfall* für eine

---

[1] Markus Rieger-Ladich, Walter White aka „Heisenberg". Eine bildungstheoretische Provokation, in: Vierteljahrsschrift für wissenschaftliche Pädagogik 90 (2014), H. 1, S. 17-32, hier S. 21.
[2] Ebd.
[3] Ebd., S. 22.
[4] Ebd.; Hervorhebungen im Original.

der derzeit prominentesten Variante[n] zeitgenössischer Bildungstheorie."[5] Es kann nämlich über White gesagt werden, daß „die einzelnen Staffeln [der Serie] eine radikale Veränderung seines Charakters nachzeichnen, eine grundlegende Transformation seines Selbst- und Weltverhältnisses, welche die Frage aufwirft, ob diese [...] als Bildungsprozess ausgewiesen werden kann"[6] – White macht nämlich eine Wandlung durch vom Chemielehrer zum Drogenproduzenten und Dealer. Es besteht also „die Notwendigkeit, über die Grenzen eines formalen Bildungsbegriffs nachzudenken (und darüber miteinander ins Gespräch zu kommen)."[7] Einen Beitrag zu diesem Gespräch will ich hier liefern, denn die „Dringlichkeit dieser Debatte"[8] ist deutlich.

Zunächst, in Kapitel 2, werde ich darlegen, von welchem theoretischen Standpunkt aus ich den reformulierten Bildungsbegriff betrachten werde: von dem der Machtanalytik Michel Foucaults. In Kapitel 3.1 spiele ich anhand biographischen Materials aus der Geschichtswissenschaft, namentlich aus der Täterforschung, einen Testfall durch: handelt es sich bei dem Lebensgang des Gustav Lombard um einen Bildungsprozeß, den neuen Bildungstheoretikern nach? Kapitel 3.2 widmet sich der „strukturalen Medienbildung", die bei Marotzki und seinem Kollegen Benjamin Jörissen eine zentrale Stellung einnimmt. Was ist ihr Charakter? In Kapitel 3.3 befasse ich mich mit dem, was die neuen Theoretiker den „Anspruch des Fremden" nennen. Kapitel 3.4 fragt danach, was es zu bedeuten hat, daß alle Verfechter des neuen, des reformulierten Begriffs darauf bestehen, derselbe solle „empirisch anschlußfähig" sein. In meinem letzten Unterkapitel, 3.5, zeige ich, worin die Reflexivität des reformulierten Bildungsbegriffs sich von dem Verständnis ebenderselben unterscheidet, wie es noch bei Wilhelm von Humboldt, Theodor W. Adorno und Heinz-Joachim Heydorn gegeben war. Ich habe für meine Untersuchung acht einschlägige Texte

---

[5] Ebd., S. 23; Hervorhebung im Original. Rieger-Ladich versäumt es nicht, zunächst auf das Erkenntnispotential gerade ästhetischer Werke (wie literarischer Texte und eben auch von Fernsehserien) zu reflektieren; vgl. ebd., S. 18-20.

[6] Ebd., S. 20.

[7] Ebd., S. 23.

[8] Ebd.

der neuen Theoretiker herausgesucht. In der Schlußbemerkung fasse ich meine Kritik am reformulierten Bildungsbegriff zusammen.

2 THEORETISCHE PERSPEKTIVE: DIE MACHTANALYTIK MICHEL FOUCAULTS

Foucault hat untersucht, wie sich die Machtverhältnisse in der Gesellschaft im Lauf der Zeiten verändert haben; unter der Perspektive seiner Machtanalytik will ich den reformulierten Bildungsbegriff untersuchen. Foucault hat herausgearbeitet, daß und wie sich die Macht gewandelt hat: früher war sie den Menschen äußerlich; sie ist an die Menschen herangetreten als Souverän, als Recht und Gesetz, als Sammlung von ausdrücklichen Verboten; sie hat im Fall einer Übertretung auf eine handfeste, brutale Weise bestraft; sie hat sich dann in der Gesellschaft ausgedehnt, in die Gesellschaft hinein ausgedehnt; sie hat die einzelnen in den Institutionen, prototypisch in der Werkstatt und in der Armee, umfaßt und diszipliniert, und sie dehnt sich weiter aus, indem sie in immer feinere, subtilere, raffiniertere Weisen und Formen sich wandelt: sie ergreift schließlich den einzelnen Menschen selber; sie fährt im gleichsam ins Fleisch; der einzelne Mensch hat, was einmal von einer ihm gegenüberstehenden Instanz ausdrücklich verboten oder gefordert wurde, internalisiert; der Aufseher kann wegtreten, denn dem einzelnen Menschen wird es mehr und mehr selbstverständlich, sich ohne Aufsicht im Sinn der Macht zu verhalten. Die Maschen der Macht wurden im historischen Prozeß enger gezogen im Dienst der Produktivität; „diese Machtmechanismen, diese Machtverfahren sind als Techniken zu sehen, das heißt als Verfahren, die erfunden worden sind, perfektioniert werden und sich unaufhörlich weiterentwickeln"[9]; die Macht ist übergegangen

---

[9] Michel Foucault, Die Maschen der Macht, in: ders., Botschaften der Macht. Der Foucault-Reader. Diskurs und Medien, hrsg. v. Jan Engelmann, Deutsche Verlags-Anstalt, Stuttgart 1999, S. 172-186, hier S. 179.

„zu einer kontinuierlichen, atomisierten und individualisierenden Macht: damit jeder, jedes Individuum in sich selbst, in seinem Körper, seinen Gesten, kontrolliert werden kann"[10] im Sinn der Produktivität:

> „statt den ökonomischen Fluß zu beschleunigen, stand sie [die alte Macht] im Wege. Daher das zweite Anliegen, die zweite Notwendigkeit: einen Machtmechanismus zu finden, der zugleich die Dinge und die Personen bis in die kleinste Einzelheit kontrollierte und doch für die Gesellschaft weder aufwendig noch seinem Wesen nach räuberisch wäre, und der im Sinn des ökonomischen Prozesses selbst ausgeübt würde."[11]

Das Lesen in den Schriften der neuen Bildungstheoretiker hat in mir den Verdacht erregt, daß es sich bei den von ihnen vorgeschlagenen Reformulierungen des Bildungsbegriffs um nichts anderes handelt als um eine Liquidierung des alten Begriffs im Sinn der Produktivität (gleich, ob die Autoren das wissen oder beabsichtigt haben): was die gegenwärtige Ökonomie erheischt, soll geliefert werden; man benötigt (im Sinn des reformulierten Begriffs) „gebildete" Arbeitskräfte; der einzelne soll heute mehr denn je sein (Arbeits-) Leben lang sich fortbilden, flexibel sein, gekonnt und wendig sich updaten je nachdem, wie die Anforderungen des ökonomischen Prozesses es verlangen, ganz in dem Sinn des Lebenslangen Lernens, von dem die Erwachsenenbildner so oft reden. Ich vermute stark, daß die reformulierten Bildungsbegriffe Selbstoptimierungsbegriffe sind, solche also, die dem einzelnen nahelegen, er solle gerade auch geistig prinzipiell nach allen Seiten hin offen sein, um den wechselnden Anforderungen des heutigen Produktionsprozesses im speziellen und der heutigen Gesellschaft im allgemeinen gerecht zu werden. Der neue Bildungsbegriff läuft darauf hinaus, den einzelnen dazu zu bringen, sich selbst so zu präparieren, daß die eigene employability sichergestellt ist und bleibt. Daß der grundlegende

---

[10] Ebd., S. 181.
[11] Ebd.; mit „nicht räuberisch" meint Foucault, daß der Machtapparat nach Möglichkeit wenig kosten soll, denn auch die Kosten gehen ja zu Lasten der Produktivität, nämlich des Profits.

Wechsel des Selbst- und Weltverhältnisses von den Stiftern des neuen Begriffs ohne inhaltliche Bestimmung gedacht ist, bedeutet nicht Freiheit, denn unter den unweigerlich herrschenden Bedingungen der Gesellschaft wird sich der einzelne, der leben will und nicht untergehen, stets in diesem Sinn entscheiden; ein strukturaler, inhaltlich nicht bestimmter Bildungsbegriff ist nicht freiheitlich, sondern er läuft unter den Bedingungen der von Macht und Herrschaft geprägten Gesellschaft auf die Anpassung des einzelnen hinaus.

3 KRITIK DES REFORMULIERTEN BILDUNGSBEGRIFFS
3.1 DER LEBENSGANG GUSTAV LOMBARDS: EIN BILDUNGSPRO-ZESS?

Am 10. April 1895 wurde Gustav Lombard auf dem Gut seines Vaters in Klein-Spiegelberg bei Prenzlau geboren. In Dresden und Niesky besuchte er die Schule bis zur mittleren Reife. 1913 reiste er in die USA, um dortige Verwandte kennenzulernen. Dort besuchte er die High School, die er mit der Hochschulreife abschloß. 1914, bei Beginn des Ersten Weltkrieges, zog es ihn nicht nach Hause, sondern er studierte an der University of Missouri in Columbia moderne Sprachen. Dieses Studium mußte er 1916 aus Geldmangel abbrechen. Er arbeitete anschließend auf einer Farm und begann Anfang 1919 eine Lehre als Bankkaufmann; im Herbst 1919 kehrte er nach Deutschland zurück. Hier arbeitete er zunächst als Leiter der Frachtenabteilung für American Express, 1923 wurde er kaufmännischer Betriebsleiter bei Chrysler in Berlin-Johannisthal. Als Chrysler 1931 seinen Standort in Deutschland schloß, machte er sich selbständig und erwarb eine der größten Autogaragen Berlins. Seit 1922 war Gustav Lombard mit der Opernsängerin Marianne Alfermann verheiratet; im selben Jahr wurde das einzige Kind Klaus geboren.

Am 10. Februar 1933, 10 Tage nach der Machtübergabe also, trat er in die NSDAP ein; im Mai wurde er außerdem als Anwärter in die SS aufgenommen. Dort stieg er auf, wobei er seinen Lebenslauf geschönt hat: 1935 gab er der SS (ohne Nachweis) an, er sei seit 1927 Mitglied im „Nationalen Klub 1919"; sein nicht vorhandenes Engagement entschuldigte er in diesem Schriftstück mit dem Satz „Politisch habe ich mich aktiv früher nicht betätigen können." 1939 hatte er aber doch den Rang eines SS-Obersturmführers erreicht; seine Schwadron wurde ab September 1939 in Polen eingesetzt. Lombard war auch für die weltanschauliche Schulung seiner Männer verantwortlich; eine Aufgabe, die er mit besonderem Engagement wahrnahm. Bekanntlich begann die Shoah sofort nach dem Überfall auf Polen, zunächst mit systematischen Erschießungen der in den eroberten Gebieten angetroffenen jüdischen Männer, Frauen und Kinder. Lombard und seine Schwadron waren in stärkstem Maß an diesen Massenexekutionen beteiligt.

1944 wurde Lombard von den Tschechen gefangengenommen und an die Sowjetunion ausgeliefert. Dort verurteilte man ihn 1947 zu 25 Jahren Lagerhaft. Den Sowjets lagen aber nur die wenigsten Beweise für Lombards Verbrechen vor, weshalb er 1955 begnadigt wurde. In West-Deutschland zurück, verschafften ihm alte Kameraden eine Stellung bei der Allianz und eine Wohnung in München. Doch 1962 wurde er ebendort vor Gericht gezogen: die in den Westzonen aufgefundenen Dokumente belasteten ihn mit dem Mord an 6504 Juden allein beim Pripjet-Einsatz Anfang August 1941 (die Historiker schätzen heute die Zahl der bei diesem Einsatz durch Lombard ermordeten Juden auf mindestens 9000). Doch 1970 stellte die Staatsanwaltschaft München I das Verfahren gegen Lombard ein.[12]

Handelt es sich bei diesem Lebensgang, den Stiftern des neuen Bildungsbegriffs nach, um einen Bildungsprozeß? Wo es doch bei Jörissen und Marotzki ausdrücklich heißt:

---

[12] Vgl. Martin Cüppers, Gustav Lombard – ein engagierter Judenmörder aus der Waffen-SS, in: Klaus-Michael Mallmann u. Gerhard Paul (Hrsg.), Karrieren der Gewalt. Nationalsozialistische Täterbiographien, Wissenschaftliche Buchgesellschaft, Darmstadt 2004 (= Veröffentlichungen der Forschungsstelle Ludwigsburg der Universität Stuttgart 2), S. 145-155. Nach der Einstellung seines Verfahrens lebte Lombard „quietschfidel" (Cüppers) weiter, feierte regelmäßig mit den alten Kameraden und starb schließlich 1992.

„Wenn wir mit jedem Erfahrungsschema, das wir verwenden, etwas ausblenden, aber nicht wissen können, was wir dabei ausblenden, so wird es zur Notwendigkeit, im Idealfall zu einer neuen Gewohnheit, andere Erfahrungsweisen nicht nur anzuerkennen und zuzulassen, sondern *alle* Erfahrungsmodi bewusst und spielerisch als eine Weise der Selbst- und Weltaufordnung unter anderen möglichen zu sehen und auch aktiv zu nutzen."[13]

Bei Koller heißt es, Bildung lasse sich in Anlehnung an Kokemohr folgendermaßen kennzeichnen:

„Bildung (also das, was pädagogisches Handeln ermöglichen und befördern soll) kann als Prozess grundlegender Transformationen der Art und Weise verstanden werden, in der Menschen sich zur Welt und zu sich selbst verhalten. Dabei ist davon auszugehen, dass Bildung im Sinne solcher Transformation sich immer dann vollzieht (oder besser: vollziehen *kann*), wenn Menschen Erfahrungen machen, zu deren Bewältigung ihre bisherigen Mittel und Möglichkeiten nicht ausreichen. Anders formuliert: Bildungsprozesse bestehen in der Entstehung neuer Formen, neuer Figuren des Welt- und Selbstverhältnisses in Auseinandersetzung mit Problemen, zu deren Bearbeitung die bisherigen Figuren des Welt- und Selbstverhältnisses nicht ausreichten."[14]

Bildungsprozesse vollziehen sich „nicht zu beliebigen Zeitpunkten [...], sondern [verweisen] auf die Veränderung des Komplexitätsniveaus der (gesellschaftli-

---

[13] Benjamin Jörissen u. Winfried Marotzki, Medienbildung – Eine Einführung. Theorie – Methoden – Analysen, Verlag Julius Klinkhardt, Bad Heilbrunn 2009 (= UTB 3189), S. 26; Hervorhebung im Original.
[14] Hans-Christoph Koller, Bildung als Entstehung neuen Wissens? Zur Genese des Neuen in transformatorischen Bildungsprozessen, in: Hans-Rüdiger Müller u. Wassilios Stravoravdis (Hrsg.), Bildung im Horizont der Wissensgesellschaft, VS Verlag für Sozialwissenschaften, Wiesbaden 2007, S. 49-66, hier S. 50; Hervorhebung im Original.

chen) Umgebung [...]. Sie reagieren darauf, sind aber durch sie nicht determi-
niert."[15] Unter den Bedingungen der neuen Zeit hätte Lombard nicht Nazi werden müssen, er hätte auch Geschäftsmann bleiben können oder Kommunist
werden oder zum Judentum konvertieren; er war ein Subjekt, das tentativ ge-
nug war, „den augenblicklichen Modus der Weltaufordnung als einen unter
möglichen anderen zu sehen"[16]; er entschied sich für den einen neuen Modus
unter möglichen anderen, der ihm am zukunftsträchtigsten erschien. Allein war
er damit nicht; unter denen, die auf die neue Umgebung tentativ reagierten,
war er aber einer der schnellsten, nur 10 Tage nach der Machtübergabe trat er
in die NSDAP ein (und wenig später in die SS). Der Aufnahmestop, den die
NSDAP verhängte, um sich die Konjunkturritter vom Leib zu halten, galt erst ab
Mai 1933. Lombard hatte ja „bereits ein durchaus abwechslungsreiches Leben
geführt."[17] „Als nicht unbedingt typischer Vertreter der jungen deutschen
Kriegsgeneration eilte Lombard bei Ausbruch des Ersten Weltkrieges keines-
wegs in seinem Geburtsland zu den Waffen"[18], sondern pfiff auf das Vaterland,
das sich, wie die Propaganda sagte, gegen die Einkreisung durch die anderen
Mächte zur Wehr setzte. Ein Leben in den USA als stud. phil. war das Selbst-
und Weltverhältnis, für das er sich in diesem Zeitpunkt entschieden hatte. Doch
er mußte die Erfahrung machen, daß seine Mittel nicht ausreichten, das Studium zu Ende zu bringen; in Auseinandersetzung mit diesem Problem entstand
eine neue Form, eine neue Figur des Selbst- und Weltverhältnisses, und Lombard arbeitete zunächst auf einer Farm und wechselte schließlich zur Bankkauf-
mannslehre. Das nächste Problem, auf das er, nach seiner Rückkehr nach
Deutschland, reagieren mußte, war, daß er arbeitslos wurde; er machte aus
dieser Not eine Tugend und sich selbständig. Waren das Bildungsprozesse? Wie
gewinnträchtig ihm sein Unternehmertum in der Weltwirtschaftskrise erschien,

---

[15] Winfried Marotzki, Entwurf einer strukturalen Bildungstheorie. Biogra-
phietheoretische Auslegung von Bildungsprozessen in hochkomplexen Gesellschaften, Deutscher Studien Verlag, Weinheim 1990 (= Studien zur Philosophie und Theorie der Bildung 3), S. 53.
[16] Ebd., S. 48.
[17] Cüppers, Lombard, S. 146.
[18] Ebd.

ist nicht überliefert; die Machtübergabe aber erschien ihm offenbar als Gelegenheit, die er nützen sollte, eine Karriere bei der SS zumindest nicht weniger lukrativ als seine eigene Firma. „Für die politischen Affinitäten des erfolgreichen Geschäftsmannes zum Nationalsozialismus lassen sich in seiner Biographie bis Anfang 1933 keine Belege finden. Sobald die Nationalsozialisten in Deutschland aber an der Macht waren, änderte sich dies schlagartig."[19] Das Interesse der neuen Bildungstheoretiker (und -empiriker) „richtet sich auf Organisationsprinzipien des ganzen Lebens, auf Formen subjektiver Erfahrungsverarbeitung, auf das Verhältnis von Subjektivität und gesellschaftlicher Wirklichkeit."[20] Für die erfolgreiche Verwandlung eines einzelnen gebe es mehrere Voraussetzungen: es müsse eine neue Plausibilitätsstruktur bestehen; es müsse andere geben, die als Führer in diese neue Struktur, in die neue Wirklichkeit einführen; es müsse die alte, verlassene Plausibilitätsstruktur verdrängt, negiert werden; schließlich müsse, um den Übertritt zum Neuen zu vollenden, die Vergangenheit einer Reinterpretation unterzogen werden.[21] Lombard hatte

„Mühe, seine Biographie hinsichtlich der Anforderungen an die Vita eines tüchtigen SS-Mannes zu schönen. In einem 1935 für die SS verfaßten Lebenslauf konnte er als einzigen Beleg für seine nationale Gesinnung nur eine angeblich seit 1927 bestehende Mitgliedschaft im ‚Nationalen Klub 1919' anführen. Einen Grund für seine im selben Lebenslauf formulierte Quasi-Entschuldigung ‚Poli-

---

[19] Ebd.
[20] Marotzki, Entwurf, S. 94.
[21] Vgl. ebd., S. 119 ff.; Marotzki stützt seine Ausführungen auf Peter L. Berger und Thomas Luckmann, Die gesellschaftliche Konstruktion der Wirklichkeit. Eine Theorie der Wissenssoziologie, Fischer Verlag, Frankfurt a. M. 1969, darin es heißt (S. 171, zit. n. Marotzki, Entwurf, S. 120): „Da man leichter etwas erfindet, was sich nie ereignet hat, als etwas vergißt, das sich ereignet hat, fabriziert man Ereignisse und fügt sie ein, wo immer sie gebraucht werden, um Erinnerung und neue Wirklichkeit aufeinander abzustimmen", worauf Marotzki schreibt: „Das ist keine Verfälschung der Vergangenheit, sondern genau jener Prozeß der Biographisierung, der im vorigen Kapitel beschrieben wurde." (S. 121).

tisch habe ich mich aktiv früher nicht betätigen können' führte er nicht an.
Zudem muß Lombards Behauptung, daß er während des Ersten Weltkrieges in
den USA wegen seiner ‚propagandistischen Tätigkeit in deutsch-amerikani-
schen Vereinen' als ‚lästiger Ausländer' interniert worden sei, aufgrund seiner
späteren, anders lautenden Aussagen als reine Erfindung bewertet werden. Offenbar sollten solche Manipulationen dazu dienen, sich nach 1933 zumindest
in den kaum nachprüfbaren biographischen Eckdaten ein möglichst NS-kompa-
tibles Image als ‚alter Kämpfer' zu geben."[22]

(Ähnliches vollzog sich später in die andere Richtung:

„Bei seinen wiederholten Vernehmungen [vor Gericht 1962] sprach sich Lombard von jeglicher Schuld frei und argumentierte im wesentlichen, daß das entscheidende Beweisstück gegen ihn, der von ihm gezeichnete Abschlußbericht
des Pripjet-Einsatzes, gar nicht von ihm stammte, sondern von seinem Vorge-
setzten Fegelein gefälscht worden sei. Fegelein habe so, unter starker Anhe-
bung der tatsächlichen Opferzahlen, die Bilanz des eigenen Regiments schönen
wollen. Somit habe er, Lombard, weder die völlig übertriebenen Mordraten
noch den Begriff ‚Entjudung' zu verantworten."[23])

Demnach ist die Verwandlung Lombards ganz so abgelaufen, wie die neue Bildungstheorie sich eine solche Transformation vorstellt.

Als Beispiel für einen Wechsel der grundlegenden Figur des Selbst-
und Weltverhältnisses gibt Marotzki (neben dem des Wechsels der Konfession)
„das Aufgeben einer Weltsicht (z.B. des Nationalsozialismus)"; „wenn jemand
vom Nationalsozialisten zum überzeugten Demokraten konvertiert"[24]. Das hat

---

[22] Cüppers, Lombard, S. 146 f.
[23] Ebd., S. 151 f.; der Begriff der „Entjudung" bedeutete zunächst die Entfer-
nung der Juden aus dem Wirtschaftsleben; aller Wahrscheinlichkeit nach war
es Lombard, der den Begriff erweiterte um die neue Bedeutung: physische
Vernichtung der Juden; vgl. ebd., S. 148.
[24] Marotzki, Entwurf, S. 126.

es ja tatsächlich gegeben, man denke etwa an den großen Historiker des Ersten Weltkriegs, Fritz Fischer; er, vor 1945 ein Parteigänger der Nazis, wurde nüchtern an den Verheerungen des Zweiten Weltkrieges; ab dato befaßte er sich als Ordinarius in Hamburg mit den Ursachen des ersten Krieges und arbeitete die Kontinuitätslinien heraus vom Kaiserreich zum Nationalsozialismus, zum zweiten Krieg (zum zweiten Griff nach der Weltmacht). Wenn nun aber als Beispiel für einen grundlegenden Wechsel des Selbst- und Weltverhältnisses, also für einen Bildungsprozeß, ausdrücklich die Konversion vom Nazi zum Demokraten ausgewiesen wird, wieso sollte das andersherum nicht auch ein Bildungsprozeß sein: daß einer, wie Lombard, vom Weltenwanderer und Studenten moderner Sprachen und Farmarbeiter und Bankkaufmannslehrling und Autoverkäufer, den die Sache der Nazis vor 1933 nicht interessiert hat, konvertiert zum Massenmörder einer SS-Truppe? Wie sollte der, der sich mit dem reformulierten Bildungsbegriff beschäftigt, anders reagieren als mit einem solchen Test? Wenn Marotzki über Transformationsprozesse schreibt, welche ihm Bildungsprozesse sind (das Kapitel heißt: „Bildungsprozesse als Wandlungsprozesse"):

> „Das bedeutet eine Restrukturierung des biographischen Entwurfs hinsichtlich Gegenwart, Vergangenheit und Zukunft angesichts radikal neuartiger Möglichkeiten, die sich dem Subjekt gleichsam schlagartig eröffnen. Der einzelne kann sich, andere und die Welt jetzt ganz anders wahrnehmen und sich zu ihnen verhalten"[25],

paßt es dann nicht wie die Faust aufs Auge, wenn man beim Historiker Cüppers liest:

> „Für die politischen Affinitäten des erfolgreichen Geschäftsmannes zum Nationalsozialismus lassen sich in seiner Biographie bis Anfang 1933 keine Belege finden. Sobald die Nationalsozialisten in Deutschland aber an der Macht waren, änderte sich das schlagartig"[26]?

---

[25] Ebd., S. 130.
[26] Cüppers, Lombard, S. 146.

Lombard hat sich nicht rechtsradikal betätigt vor 1933; es war (für so gut wie alle Zeitgenossen) bis zum 30. Januar keine ausgemachte Sache, ob die Nazis an die Macht kommen würden (die Wahlergebnisse waren 1932 schon wieder schlechter geworden). In dieser ungewissen Situation hat Lombard auf keines der Pferde gesetzt, die im politischen Rennen waren. Als aber deutlich wurde, wohin der Zug fährt, sprang er rechtzeitig auf. Die Nähe des reformulierten Bildungsbegriffes zum Opportunismus ist augenfällig. Sich je nach Anforderung der Umwelt; nach je veränderter Lage; nach einem Wechsel in der Konstellation von Möglichkeiten und Restriktionen – flexibel anzupassen an das jeweils Neue: das ist: sein Selbst- und Weltverhältnis grundlegend ändern. Und der Sog, der Anpassungsdruck der bestehenden Verhältnisse auf den einzelnen ist beträchtlich; es geht für jeden einzelnen um „die Zuweisung von Lebenschancen"[27]. Da ein Inhalt, eine Richtung des Wechsels von der neuen Theorie nicht mehr gegeben wird, ist es gleich (also: egal), wohin es geht; wenn ich den wechselnden Anforderungen genüge, die an mich gestellt werden, hat jedenfalls der Käufer meiner Arbeitskraft seinen Vorteil; mir selber können die Inhalte der Wechsel gleich gelten. Die Gleichgültigkeit und der Opportunismus, nach denen der neue Bildungsbegriff aussieht, mögen von den neuen Theoretikern nicht intendiert sein; aber sie gehören zu ihm.

Das biographische Material aus Cüppers' Aufsatz ist nicht ausreichend, um bestimmen zu können, was Lombard genau war, namentlich: ob er seine innere Einstellung gegen die Juden verändert hat; ob er immer ein glühender Antisemit war, der nur keine Gelegenheit hatte, oder ob er erst durch ein Erweckungserlebnis „eingesehen" hat, daß der Jude das Böse ist, dem man das Handwerk legen muß. Wenn es bei Lombard eine Transformation seiner Einstellung nicht gegeben hat, so hat es aber doch eine Transformation auf eine manifeste äußerliche Weise gegeben, als er von einem, der ein stinknormales Erwerbsleben führte, wie es in der bürgerlichen Gesellschaft abermillionenfach üblich ist, zum Berufsmassenmörder wurde. Das ist unzweifelhaft ein grundlegender Wechsel im Selbst- und Weltverhältnis. Marotzki würde mir, so nehme ich an, abstreiten, daß es sich bei dem Lebensgang des Lombard, also vom

---

[27] Koller, Entstehung, S. 49.

Studenten und Autoverkäufer und (wahrscheinlich) Nicht-Nazi zum massen-
mordenden Nazi um einen Bildungsprozeß handelt („natürlich nicht" – aber der
Theorie nach schon?); ich würde Marotzki dann fragen: wieso kann man, obwohl doch einerseits der Wechsel vom Nazi zum Demokraten als Bildungsprozeß gelten kann, nicht auch den Wechsel vom Demokraten zum Nazi als einen
Bildungsprozeß bezeichnen? Wo doch ausdrücklich *alle* Erfahrungsmodi als eine
Weise der Selbst- und Weltaufordnung genutzt werden sollen? Es muß dann,
obwohl als die eine zentrale Neuerung in der Definition von Bildung gerade
ausgegeben wurde, sie habe keine inhaltliche Bestimmung mehr, eben doch
irgendwo eine inhaltliche Bestimmung vorhanden sein.

Bei Koller findet sich eine Stelle, die sich mit dieser Frage befaßt:

> „Eine weitere Frage, die im Rahmen dieses Bandes aber nicht ausführlich erör-
> tert werden kann, betrifft die normativen Implikationen des Bildungsbegriffs:
> Welche normativen Kriterien erlauben es, Bildung im skizzierten Sinn von bloßer
> Anpassung an gesellschaftliche Anforderungen zu unterscheiden? Oder anders
> gefragt: Verdient jede Transformation von Welt- und Selbstverhältnissen be-
> reits den Namen Bildung oder müssten dazu zusätzliche Bedingungen erfüllt
> sein – und wenn ja, welche? Vgl. dazu Kapitel 8 [...], wo eine Antwort auf diese
> Frage unter Bezug auf Lyotards Philosophie des Widerstreits vorgeschlagen
> wird."[28]

In Kapitel 8 seines Buches referiert Koller die Auffassungen Jean-François
Lyotards. Es geht darin nicht eigentlich um die normativen Implikationen des
Bildungsbegriffs, aber die Ausführungen zu Lyotards Konzept des Widerstreits
sollen immerhin eine erste Antwort auf diese Frage sein. Koller stellt zunächst
ausdrücklich fest, für die bildungstheoretische Begründung pädagogischen
Handelns sei die „Frage nach der Legitimation *gesellschaftlicher bzw. politischer*

---

[28] Hans-Christoph Koller, Bildung anders denken. Einführung in die Theorie
transformatorischer Bildungsprozesse, Verlag W. Kohlhammer, Stuttgart
2012, S. 18 f., Anm. 7.

Ordnung" zentral; es gehe um „das Problem der Gerechtigkeit"[29]. Koller teilt Lyotards Auffassung, wir lebten in Gesellschaften, die äußerst plural verfaßt seien; es gebe verschiedene Diskursarten, die miteinander in Konflikt lägen; da es keinen universalen Metadiskurs gebe, seien diese Konflikte nicht zu schlichten. Man solle sie nicht in der Art eines Rechtsstreits entscheiden, sondern den Widerstreit offenhalten und die Anstrengung unternehmen, „ein Idiom zu finden, in dem der Widerstreit angemessen artikuliert werden kann"[30] (dabei entstehe das Neue, was das eigentliche Thema der Passage ist). Nun solle man auch gesellschaftliche Konflikte (Koller nennt den „zwischen Kapital und Arbeit"[31]) als Widerstreit im Sinn Lyotards auffassen, also denselben offenhalten, die Verwandlung in einen Rechtsstreit verhindern und versuchen, eine gemeinsame Sprache zu finden. Die stärkste Verneinung dieses Konzeptes sei die Shoah gewesen: sie war „die auf die Spitze getriebene Form der totalitären Herrschaft eines Diskurses über andere Diskurse"[32]. Es ist soeben ein Aufsatz Kollers erschienen, in dem er sich zum ersten Mal explizit befaßt mit der Frage nach der Normativität des reformulierten Bildungsbegriffs. Er wiederholt hier, worauf er schon in „Bildung anders denken" hingewiesen hat: das Konzept des Widerstreits solle leitend sein bei der Beurteilung, ob es sich bei einer bestimmten Transformation um einen Bildungsprozeß handelt. Koller konzediert, es sei am ehesten Kokemohr, der strikt die Position vertritt, Bildungsprozesse nicht inhaltlich, nicht normativ zu qualifizieren[33]; bei Marotzki sei hingegen immerhin implizit eine Qualifizierung gegeben, denn er gebe ja vor, der gesellschaftlich

---

[29] Ebd., S. 89; Hervorhebung im Original.

[30] Ebd., S. 97.

[31] Ebd., S. 92.

[32] Ebd., S. 90.

[33] Vgl. Hans-Christoph Koller, Ist jede Transformation als Bildungsprozess zu begreifen? Zur Frage der Normativität des Konzepts transformatorischer Bildungsprozesse, in: Dan Verständig, Jens Holze u. Ralf Biermann (Hrsg.), Von der Bildung zur Medienbildung. Festschrift für Winfried Marotzki, Springer VS, Wiesbaden 2016, S. 149-161, hier S. 152 f.; Koller referiert in seinem Aufsatz auch die Position eines Kritikers, der den Lebensgang des Horst Mahler als Testfall für die neue Bildungstheorie genommen hat.

auferlegten Problembearbeitung solle der einzelne entgegnen können, den Anforderungen solle er besser gerecht werden[34]. Das ist in der Tat eine Bestimmung; doch läuft sie auf die Anpassung des einzelnen an das herausfordernde Gegebene hinaus. Wäre das eine Absicherung gegen die Klassifizierung des Lebensgangs Lombards als Bildungsprozeß? Er hat doch das von der neuen Gesellschaft ihm Auferlegte durchaus bemeistert. (Polemisch gesprochen: nach dieser impliziten inhaltlichen Bestimmung wäre der Bildungsprozeß Strebertum.) Aber es ist doch nicht immer das, was vom einzelnen gesellschaftlich gefordert ist, auch das ethisch Bessere. Koller sagt selber, die Frage sei hier nicht, in welcher Richtung eine Änderung sich vollziehe, sondern ob sie dem gestellten Problem angemessen sei, ob also die Problembearbeitung gelungen ist. Es solle, sagt Koller weiter, dann eine Transformation als Bildungsprozeß gelten, wenn einer Komplexitätssteigerung der Gesellschaft mit einer Komplexitätssteigerung im Verhalten des einzelnen entsprochen werde – und nicht etwa mit einer Komplexitätsreduktion, also etwa mit dem Rückzug auf eine simplifizierende, fundamentalistische, totalitaristische Position, die auch davon gekennzeichnet sei, daß von ihr aus weitere Transformationen nicht mehr möglich sind, daß also einer sich ganz verhärtet. Daß einer zum Nazi wird, wäre demnach kein Bildungsprozeß (nach dem Kriterium aber, man solle den auferlegten Anforderungen gerecht werden, wäre es zweifelhaft, ob Lombard nicht doch einen durchlaufen hat). Die von Koller bevorzugte normative Absicherung des reformulierten Begriffs durch Lyotards Konzept des Widerstreits scheint mir die tauglichste zu sein.

---

[34] Vgl. ebd., S. 153 f.

3.2 MEDIENBILDUNG: EIN FITNESSPROGRAMM FÜR DEN EINZEL-NEN?

Ein Schwerpunkt der neuen Bildungstheoretiker ist die Medienbildung. Jörissen und Marotzki haben eigens eine „Einführung in die Medienbildung" vorgelegt. Es sei, schreiben sie, „die Signatur gegenwärtiger Gesellschaftsentwicklung ganz wesentlich durch die rasante Einführung neuer Informations- und Kommunikationstechnologien geprägt."[35] Darauf müsse die Erziehungswissenschaft

---

[35] Jörissen u. Marotzki, Medienbildung, S. 15; die Signatur ist schon das Kennzeichen, die Prägung; die Formulierung ist also redundant: die Prägung der Entwicklung ist geprägt von der Einführung usf.; es müßte außerdem heißen „von neuen" oder „neuer", nicht aber nur „neuen". Leider hat kein Lektorat den Text der beiden Autoren bearbeitet: es fehlen z. B. Bindestriche zwischen den Wörtern („an der Spitze des Mafia Imperiums" (S. 64); „vermutet, HIV positiv zu sein" (S. 65); „Leonardo da Vinci Buch" (S. 86)); es gibt viele Falschschreibungen und Schlampereien (z. B. „sprachlich der Wechsel von der Tatsachen- in die Möglichkeitsform (Indikativ vs. Konjunktion)" (gemeint: Konjunktiv, S. 50); „in der Maffiaorganisation" (S. 64); „ob sie lieber ein Mädchen oder ein Junge wolle" (S. 86); „zunächst erscheint sich das Bild als Schnappschuss" (S. 131); „sieben-lammeligen Blende" (gemeint: eine Blende mit sieben Lamellen, S. 139); „mit einem schwarzen Axelhemd bekleidet (ebd.); „typischweise" (ebd.); „seit den 1930 Jahren" (S. 164); „seit Mitte der 1990 Jahre" (S. 188); „in medienaffirmativen Szenen" (gemeint: medienaffin, S. 235); Fehler bei der Groß- und Kleinschreibung; überflüssige und fehlende Satzzeichen; fehlende und überflüssige Artikel; holprige syntaktische Strukturen; schiefe Wort- und Satzsemantiken; meistens werden Werktitel in Anführungszeichen geschrieben, manchmal aber auch nicht; und auch mit den Namen nahmen die beiden Autoren es nicht immer genau: so erscheint etwa ein gewisser Berthold Brecht (S. 50); Clarence D. Ussher heißt auch mal Usher (S. 55); Jean-Paul Sartre ist Jean Paul Sartre; der große Jorge Luis Borges firmiert unter Luis Borges (S. 73); Erwin Panofsky wird zu Panofksky (S. 102) – mit einem Wort (S. 10): „Die verbreitete bildungsbürgerliche Vorstellung von Bildung (als Aneignung klassischer oder anderweitig verbindlicher Bildungsinhalte) hingegen kann heutzutage nicht mehr als hinreichendes Bildungskonzept verstanden werden."

reagieren mit Medienbildung. Die Gesellschaft entwickle sich zu einer Informations-, zu einer Wissensgesellschaft; wissenschaftliches Wissen spiele auf fast allen Gebieten des Lebens eine immer einflußreichere Rolle:

> „Dies betrifft gleichermaßen die Formen des Wissens wie auch die Formen des Wissenserwerbs bzw. der Wissensvermittlung in den klassischen institutionalisierten Lernfeldern, beispielsweise Schule, aber auch die außerschulische Jugendbildung in Jugendarbeit, Peergroups und Medien. Wissen gilt inzwischen als vierter – und zudem bedeutendster – Produktionsfaktor neben Arbeit, Kapital und Natur. In einigen volkswirtschaftlichen Bereichen wird davon ausgegangen, dass 70 bis 80 Prozent des wirtschaftlichen Wachstums auf neues oder verbessertes Wissen zurückgeführt werden könne [...]. Das heißt, die Bedeutung des Wissens für eine Volkswirtschaft wie auch für den Einzelnen hat zugenommen. ‚Die Erzeugung und Verteilung von Wissen werden künftig eine vorrangige Bedeutung in der Wertschöpfung und im gesellschaftlichen Bewusstsein einnehmen. Die Zukunft gehört der Wissensverarbeitung, den hochqualifizierten Tätigkeiten‘ (Deutscher Bundestag 2002, 260). Das schlägt sich dann auch in der Verteilung der Beschäftigten nieder: Immer mehr Menschen sind in Berufen und Jobs tätig, in denen die Generierung, Aufbereitung, Präsentation und Zirkulation von Wissen im Vordergrund steht, so dass Hellmut Willke von einem neuen Typ des Arbeiters spricht, nämlich vom Wissensarbeiter [...]."[36]

Es scheint sich um einen epochalen Wandel zu handeln, auf den die Theoretiker der Medienbildung antworten. Wenn *der Wissensverarbeitung, den hochquali-*

---

[36] Ebd., S. 27; die vorangehende Nominalgruppe im Zitat aus der Schrift des Bundestages verlangt eigentlich einen Singular; der Plural „werden" hingegen verlangt (mindestens) zwei Nominalgruppen: „die Erzeugung und *die* Verteilung" – das gibt mehr Sinn als die erste Variante. Hellmut Willke heißt Helmut Willke.

fizierten Tätigkeiten die *Zukunft* gehört, hat derjenige keine, der in Sachen Wissensverarbeitung nicht mithalten kann, der keine hohe Qualifikation in diesem Sinn vorweisen kann, wenn er einen Käufer seiner Arbeitskraft sucht.

„Mag sein, dass die Bezeichnung des Wissensarbeiters etwas überzeichnet ist, sie weist aber doch in eine Richtung, deren Vorzeichen nicht zu ignorieren sind: Die heranwachsende Generation wächst in eine Gesellschaft hinein, in der Arbeit (im Sinne von Erwerbsarbeit) überwiegend auf hohem Qualifikationsniveau zu haben sein wird. Dass dieses enorme Folgen für Fragen der sozialen Struktur einer Gesellschaft haben wird und jetzt schon hat, liegt auf der Hand. Dieses hohe Qualifikationsniveau muss, das sagt beispielsweise das Schlagwort des lebenslangen Lernens, ständig erhalten und erweitert werden. Insofern ist die Wissensgesellschaft auch eine Lerngesellschaft und deshalb ist auch deutlich, was diese Debatte um die Wissensgesellschaft mit Pädagogik und Erziehungswissenschaft zu tun hat: Das Bildungssystem steht vor der Aufgabe, Unterstützung und Hilfe zur Wissensbewältigung während des gesamten Lebenslaufs zu gewähren. In der Erziehungswissenschaft geht es ja darum, die nachfolgende Generation durch Prozesse der Erziehung, des Lernens und der Bildung in diese Gesellschaft einzuführen. Ob und wie das gelingt, davon sind die Lebenschancen dieser nachfolgenden Generation elementar abhängig."[37]

Der einzelne ist dazu aufgefordert, ein *hohes Qualifikationsniveau* zu erreichen, es *ständig* zu *erhalten*, es zu *erweitern*, und zwar *lebenslänglich*. Die Käufer der Arbeitskraft brauchen eine immer größer werdende Zahl von einzelnen, die dermaßen präpariert sind. Die Erziehungswissenschaft hat die Aufgabe der Herstellung dieser (potentiellen) Arbeitskräfte. Der einzelne soll nicht (nur) ganz bestimmte Dinge lernen, die er dann anzuwenden hätte; sondern er soll das Lernen lernen; er soll offen für den Wechsel sein und bereit und fähig, sich selbständig upzudaten: es ist nämlich so, „dass immer mehr Verantwortung auf die einzelnen Menschen abgewälzt wird, die immer mehr verantwortlich für das

---

[37] Ebd., S. 27 f.

24

eigene Lernen und für die eigene Qualifikation werden"[38]. Die neue Zeit, so schreiben die neuen Bildungstheoretiker, mache den Kanon obsolet, den noch die alte Bildungstheorie behauptet habe; es komme heute darauf an, im Falle eines Falles, das Selbst- und Weltverhältnis zu wechseln.[39] Die Fertigkeit zu diesem Wechsel ist es, die die Erziehungswissenschaft den einzelnen beibringen soll. Gerade im Umgang mit den (neuen) Medien könne diese Fertigkeit gelernt und geübt werden, könnten Bildungsprozesse, also grundlegende Wechsel im Selbst- und Weltbezug, initiiert werden; Sinn und Zweck des Buches von Jörissen und Marotzki ist es, die „Orientierungspotenziale verschiedener Medien zu analysieren"[40], „ihren Bildungswert einzuschätzen"[41], „Bildungsgehalte und implizite Bildungschancen von Medien über die strukturanalytische Thematisierung von Medienprodukten und medialen sozialen Arenen zu erschließen."[42] So ist das Buch eine Handreichung für denjenigen, der sich im Sinn der neuen Bildungstheorie trainieren will, der lernen will, mit welchen Medien er am besten sich eine flexible Haltung aneignen kann, damit er in der Konkurrenz um die Verteilung der *Lebenschancen* gut abschneidet.

Jörissen und Marotzki loten nun in drei Kapiteln ihres Buches den Bildungswert dreier Medien – des Films, des Bildes, des Internets – anhand verschiedener Beispiele aus. Das geschieht durch Formanalysen: „Es geht [...] nicht (nur) um Inhalte, sondern ganz wesentlich um die Form des Mediums. In sie ist eine sozialisatorische Wirkmächtigkeit eingeschrieben."[43] Die verschiedenen Medien „ermöglichen jeweils spezifische Erfahrungen und verfügen über spezifische Bildungsmöglichkeiten"; durch die je eigene Struktur, Form, Bauweise der Medien kann „Reflexion ermöglicht werden"[44], kann ich dazu gebracht werden, mein Selbst- und Weltverhältnis zu überdenken und dann zu ändern. Jörissen und Marotzki argumentieren auf der Basis der ästhetischen

---

[38] Ebd., S. 29.
[39] Vgl. z. B. ebd., S. 11.
[40] Ebd., S. 37.
[41] Ebd., S. 39.
[42] Ebd., S. 40.
[43] Ebd., S. 41.
[44] Ebd.

Theorien der Russischen Formalisten und Erwin Panofskys, die innerlich verwandt miteinander sind; sie besagen, daß in der ästhetischen Gestalt ein bestimmter historischer Gehalt sich niederschlägt; daß in der Bauweise des Kunstwerks der ihm zugrundeliegende Geist sedimentiert ist und also an der Struktur abgelesen werden kann. Viktor Šklovskij hat in seinem Aufsatz „Die Kunst als Verfahren" von 1916 den Begriff der „Entautomatisierung der Wahrnehmung" gestiftet. Durch die Rezeption eines Kunstwerks werde diese Entautomatisierung der Wahrnehmung im Rezipienten bewirkt.

Als erstes untersuchen Jörissen und Marotzki den Film „Ararat" (2002) von Atom Egoyan, dessen Thema der Völkermord an den Armeniern ist.[45] Der Film ist kunstvoll und komplex komponiert. Er wendet das filmsprachliche Mittel der Modalisierung an: eine Szene wird plötzlich anders gerahmt, die Wahrnehmung dadurch notwendig qualitativ verändert; die Szene erhält einen neuen Sinngehalt; der Zuschauer wird „jetzt zur Distanzierung genötigt"[46]; der Strom der eingewohnten Sehweise ist durchbrochen. Damit ist eine Reflexionsoption eröffnet. Auch durch Diskursivität können Reflexionsoptionen eröffnet werden. Diskursivität bedeutet, daß Vergangenes durchgearbeitet wird, indem Geschichten neu und anders erzählt werden. Das historische Faktum bleibt, aber die Interpretation ändert sich. Man kann etwa mit anderen die Erinnerungen an ein Geschehnis austauschen; dabei werden „narrative Konfigurationen" flexibilisiert und „konkurrierende Lesarten" eingebunden; indem „verschiedene Lesarten miteinander konkurrieren, entsteht ein diskursiver Raum", der „den ‚Streit um die Vergangenheit" ermöglicht und damit neue Reflexionsoptionen bietet; potentiell wird „die Fähigkeit, sich auf die Zukunft zu entwerfen, entwickelt"[47]. Jörissen und Marotzki zeigen an dem Beispiel „Ararat", daß „Filme […] hinsichtlich ihres Bildungswertes beurteilt werden können"; sie können „orientierende Reflexionspotenziale […] enthalten und dadurch bildungsmäßig wertvoll sein"[48].

---

[45] Vgl. ebd., S. 43-60.
[46] Ebd., S. 52.
[47] Ebd., S. 54.
[48] Ebd., S. 60.

Filmen kann aber auch „ein Potenzial der Reflexion auf [...] Handlungsoptionen"[49] eignen wie etwa den Gangsterfilmen der Dreißigerjahre, die den Widerspruch zwischen den Möglichkeiten des einzelnen und den Regeln und Ansprüchen der Gesellschaft thematisieren: „Die Reflexion auf solche komplexen Entscheidungssituationen und das Bedenken von Folgen und Nebenfolgen von Handlungen macht eine entscheidende Bildungsdimension von Filmen aus."[50] Ebenso können Filme auf Grenzen reflektieren:

> „Hinsichtlich der Reflexion auf Grenzen und Grenzüberschreitungen sind Filme dann bildungsmäßig wertvoll, wenn sie schwierige menschliche Grenzprobleme in ihrer Komplexität zur Geltung bringen, so dass das Bild dessen, was Menschsein bedeutet [,] thematisiert wird."[51]

„Reflexionen dieser Art bestimmen das So-Sein im Horizont eines möglichen Anders-Seins."[52] Und noch eine weitere Bestimmung: „Hinsichtlich der Reflexion auf die eigene Identität, auf Biographisierungsprozesse, sind Filme dann bildungsmäßig wertvoll, wenn sie komplizierte und komplexe menschliche Sinnbildungs- und damit Identitätsbildungsprozesse zum Thema haben."[53] Ein hohes Reflexionspotential in bezug auf Biographisierungsprozesse hätten etwa die Filme „Wilde Erdbeeren" (1957) von Ingmar Bergman und „Big Fish" (2003) von Tim Burton. Jörissen und Marotzki haben bei ihrem Filmkonsum feststellen können, daß „durchaus auch im Mainstream-Bereich"[54] Filme zu finden seien mit hohem Reflexionspotential. Ihr Kapitel über das Medium Film schließen die Autoren mit der Bemerkung:

---

[49] Ebd., S. 64.
[50] Ebd., S. 67.
[51] Ebd.
[52] Ebd., S. 69.
[53] Ebd.
[54] Ebd., S. 71.

„Es geht uns in der bildungswissenschaftlichen Auseinandersetzung mit dem Medium Film nicht nur um Aufbau von Medienkompetenz, sondern um die Veränderungspotenziale von Wahrnehmungsmustern und Bearbeitungsweisen von Medien v. a. auch hinsichtlich des außermedialen Alltagslebens. Strukturale Medienbildung wäre in diesem Sinne die Fähigkeit, solche Reflexionspotenziale in Medien aufzuspüren und geltend zu machen."[55]

Man soll also nicht nur den Rang von Filmen einschätzen können, man soll auch den Nutzen daraus ziehen: wenn man gezielt solche Filme schaut, die einen hohen Reflexionsgrad haben, die einen hohen Bildungswert haben, so verhilft einem das dazu, im eigenen Leben leichter tentativ zu sein; den eigenen Selbst- und Weltbezug (leichter) zu flexibilisieren und damit auch den Wert der eigenen Arbeitskraft in der Wissensgesellschaft zu erhöhen.

Auch Bildern (Photographien) kommt ein bestimmter Bildungswert zu. Es seien „die Bildpraxen der Massenmedien ausgesprochen kritisch"[56] zu sehen; dort werde die Bildlichkeit des Bildes verschleiert und damit das Reflexionspotential abgestellt; es verdanke sich der innerbildlichen Distanz des Bildes und entfalte sich, wenn das Bild für sich betrachtet werde. Zur Medienkompetenz oder Medienbildung gehört also die Fähigkeit zur „Entscheidung, welchem *Zugriff* Bilder aus bildungstheoretischer Perspektive der Vorzug zu geben ist"[57]. Um die Reflexionspotentiale von Bildern zu beschreiben, analysieren Jörissen und Marotzki mehrere Photographien. Über das zuerst analysierte Bild „Eisenheim-Siedlung" (1970) von Rudolf Holtappel fällen sie folgendes Urteil: es könne „auf der Basis von vorhandenen Wahrnehmungsmustern und -kategorien im Hinblick auf die Bildobjekte, die Bedeutungsgehalte des Bildes und die möglichen Sinnzusammenhänge erschlossen werden [...]. Die verfügbaren Rahmungen müssen zum Verständnis des Bildes nicht verlassen werden."[58] Immerhin

---

[55] Ebd., S. 94.
[56] Ebd., S. 96.
[57] Ebd.; Hervorhebung im Original.
[58] Ebd., S. 125.

28

aber eigne dem Photo ein „Reflexionspotenzial über Geschichtlichkeit, Modernisierung und Funktionswandel"[59]. Das nächste untersuchte Bild, "Ntokozo (right) and His Brother Vusi Tshabalala at Ntokozo's Place" (2004) von Guy Tillim, fordere den Betrachter durch seine Selbst-Reflexivität mehr heraus: man könne das Photo

> „als eine Art ‚post-dokumentarische' Fotografie verstehen [...], die *zugleich* dokumentiert *und* ihren dokumentarischen Status kritisch hinterfragt (ein solcher innerbildlicher Verweis Fotografen ist in der klassischen Dokumentarfotografie eher selten; vgl. das oben besprochene Bild von Rudolf Holtappel)."[60]

Hier reiche dem Betrachter das gewohnte Wahrnehmungsmuster nicht aus:

> „Zusammenfassend kann man festhalten, dass Tillims Fotografie – im Hinblick auf die Frage bildungstheoretisch orientierter Bildanalyse – geradezu ein Paradebeispiel für das tentative Potenzial von Bildern darstellt. Der Prozess des Wegbrechens gewohnter Wahrnehmungsmuster ist hier im Bild selbst impliziert, und zwar in der prozesshaften Struktur der innerbildlichen Verweisungsstruktur"[61].

Das Bild hat also einen besonders hohen Bildungswert für mich, den Betrachter. Es fördert meine Such- und Fragebewegungen; es fordert mich dadurch, daß es mich zwingt, meine Rahmungen in der Schwebe zu halten; es verbittet sich und verbietet mir die eindeutige Lesart. Damit hält es mich an, selber tentativ zu sein.

---

[59] Ebd.
[60] Ebd., S. 128; Hervorhebungen und Fehler im Original.
[61] Ebd., S. 131.

Bei der Besprechung des dritten Mediums, des Internets, merkt man echte Begeisterung bei den Autoren.[62] Das Internet sei heute „zu einem zentralen Sozialisationsmedium"[63] avanciert, allein deshalb müsse man sich mit ihm befassen; sie, Jörissen und Marotzki, wollten „nicht pauschal behaupten, dass Online-Aktivitäten zu kulturellen Transformationen [also zu Wechseln im Selbst- und Weltverhältnis] führen"; sie wollen aber „zeigen, dass das Internet aufgrund seiner Struktur ein globaler transkultureller Raum ist, der das *Potenzial* aufweist, [...] in ein reflexives oder reflektierteres Verhältnis zu den eigenen kulturellen Traditionen und Weltsichten zu treten."[64] Die Fragen der Medienkompetenz sind schnell abgehandelt: gewiß gebe es „Gefahren (z.B. Online-Kriminalität)"[65]; aber die meisten Bedenken dem Internet gegenüber seien zu groß; die Gefahr, „dass letztlich soziale Isolation auftrete", wenn man sich zu viel im Internet herumtreibe, zeigten empirische Studien, sei eher nicht gegeben, ganz im Gegenteil stelle „die Bereicherung des Offline-Lebens durch Online-Kontakte und Communities ein weit verbreitetes Phänomen"[66] dar; was es mit dem Phänomen der Internetsucht auf sich habe, sei nicht ausgemacht[67].

---

[62] Bis in die Fußnoten hinein, vgl. etwa Anm. 17 auf S. 188, in der sie ausrechnen, daß von 2003 bis 2006 die Zahl der Weblogs weltweit sich im 18-Monats-Rhythmus verzehnfacht hat; Anm. 25 auf S. 200, in der sie erklären, durch welchen Trick man auf Fotocommunity.de Bilder in andere Web-Anwendungen einbinden könne, obwohl das gegen die Nutzungsbedingungen verstoße; die insidermäßige Aufzählung von Avatar-Spielen seit den 1980er Jahren auf S. 208 und ihre Fortsetzung in Anm. 30 ebd.

[63] Ebd., S. 175.

[64] Ebd., S. 179; Hervorhebung im Original; gemeint ist natürlich, daß nicht der Raum, sondern der Betreter desselben in ein neues Verhältnis tritt.

[65] Ebd., S. 173.

[66] Ebd., S. 202.

[67] Vgl. ebd., Anm. 26. Auf der Internetseite der Bundeszentrale für politische Bildung findet man, wenn man als Suchbegriff „Medienkompetenz" eingibt, vielerlei Material, das bei weitem größere Bedenken ausspricht gegen das Medium Internet; das Bundesministerium für Familie, Senioren, Frauen und Jugend hält eine Broschüre „Medienkompetenzförderung für Kinder und Jugendliche" vor, die die Gefahren des Internets ebenso für größer hält; das

Im weiteren bestimmen die Autoren, welchen Bildungswert, welches Bildungspotential die Dinge haben, die man im Internet tun kann. Man finde im weltweiten Netz mediale Subkulturen, neue Möglichkeitsräume; die jeweilige Subkultur verlange ein spezifisches Wissen, das man in den meisten Kommunikationseinrichtungen an speziellen Plätzen für Neulinge erlernen und erproben könne. „Auf diese Weise erlaubt, verlangt und fördert Internet-Kommunikation den Erwerb neuer Verhaltensweisen, die eine Adaption an die jeweilige ‚lokale' Kommunikationskultur darstellen."[68] So könne es etwa passieren, „dass lautmalerische dialektgefärbte Beiträge in Webforen Irritation auslösen. Dass hierbei ein Dezentrierungspotential in bildungstheoretischer Hinsicht existiert, dürfte auf der Hand liegen."[69] Meine Herkunftskultur und die mediale Subkultur, die ich im Netz antreffe, überlagern sich. „Wer an solchen kulturellen Räumen teilnimmt, erfährt aber unweigerlich auch eine Transformation der eigenen Herkunftskultur."[70] Ich bleibe also nicht der Trottel, der ich qua Herkunft bin, sondern ich gewinne an Gewandtheit und an Weltläufigkeit. Bei Wikipedia herrsche die Richtlinie des neutralen Standpunktes; die Artikel sollten so geschrieben werden, daß keine Position bezogen werde, sondern daß das Thema neutral behandelt werde (als wäre das möglich!). „Da die Wikipedia von Menschen unterschiedlichster Nationalität, religiöser, politischer oder sonstiger Gesinnung geschrieben wird, soll so der Artikel entstehen, dem die größte Zahl der Wikipedianer zustimmen kann."[71] Die Tentativität, Geschmeidigkeit, Etikette, die ich auf diese Weise im Netz lernen kann, heißt auch „Netiquette"[72]. Wenn ich mich in einem virtuellen Kommunikationsraum oder bei einem virtuellen Spiel mit einem Nickname anmelde, beginne schon die Reflexivität, denn ich träte damit

---

Bundesministerium für Gesundheit hat das Portal erstehilfe-internetsucht.de finanziert, das mehr als 950 geprüfte Adressen von entsprechenden Therapieeinrichtungen listet (überwiegend von Wissenschaftlern der Uni Tübingen zusammengetragen).

[68] Ebd., S. 177.
[69] Ebd., S. 178.
[70] Ebd.
[71] Ebd., S. 186.
[72] Ebd., S. 194.

in eine andere, virtuelle Existenz ein; dabei könne ich unterschiedliche Facetten meines Selbst explorieren.[73] „Prinzipiell ist es möglich, die virtuelle Existenz völlig von der Alltagsexistenz abzukoppeln [...]."[74] Als Avatar kann ich eine Person sein, die ich nicht bin, die ich aber gerne sein würde (oder *vielleicht* gerne seine würde) – und die ich womöglich morgen in der hiesigen Welt tatsächlich sein werde. Jedenfalls lege ich zunächst eine virtuelle Körperlichkeit fest und weitere Persönlichkeitseigenschaften; ich entwerfe probehalber eine alternative Identität. Nun komme es darauf an, wie die Gestaltungsmöglichkeiten des Avatars konkret seien, es gebe verschiedene Freiheitsgrade der Gestaltung, verschiedene Grundformen, verschiedene Gestaltungsparameter; vorbildlich sei die virtuelle Welt „Second Life", weil da die Gestaltungsmöglichkeiten am komplexesten seien.[75] Hier wäre dann der Bildungswert, wären die Bildungschancen besonders groß. Eine Studie habe herausgebracht, daß das Agieren als „Second Life"-Avatar „opens up new ways to think of things in real life.'"[76] Es ist geboten, sich in vielen virtuellen Welten zu bewegen, denn: „Der Mensch verarmt, wenn er als Weltenwanderer sich nur in einer einzigen Welt einnistet."[77] Aber auch Weblogs sind bildungsmäßig wertvoll. Wenn man einen schreibe, antizipiere man ein lesendes Publikum, wodurch eine äußere Instanz gegeben sei, die der Spiegel, der Reflexionspunkt sei; auch dem Twittern eigne ein reflexives Moment vor allem durch die Praxis des Kommentierens und Gegenkommentierens; auch Youtube habe Reflexionspotentiale, wenn auch weniger als der Avatar.[78] Der Durchgang durch all die Medien, schließen Jörissen und Marotzki ihr Buch, habe gezeigt, daß und „wie verschiedene Reflexionsoptionen in mediale Architekturen eingeschrieben sind."[79] Es gilt nun, die Medien je nach Bildungswert zu nutzen.

---

[73] Vgl. ebd., S. 196.
[74] Ebd., S. 197.
[75] Vgl. ebd., S. 213 ff.
[76] Ebd., S. 222.
[77] Ebd., S. 228.
[78] Vgl. S. 234 ff.
[79] Ebd., S. 240.

Früher wurden Filme als pädagogisch wertvoll ausgewiesen wegen ihres Inhalts, wegen ihrer offensichtlichen Message; heute weisen Jörissen und Marotzki Filme mit einem hohen Grad an Reflexivität als pädagogisch wertvoll aus, weil sie mich zur Reflexion anregen können, zum Wechsel meines Selbst- und Weltverhältnisses – eine Fertigkeit, die ich trainieren will, denn sie veredelt meine Qualifikation auf dem Arbeitsmarkt; unter der Lebensnotwendigkeit, dort anzukommen, wird jeder einzelne so denken.

3.3 ANSPRUCH DES FREMDEN, DAS NEUE – DAS ANDERE?

Die Theoretiker des reformulierten Bildungsbegriffs befassen sich mit der Frage, wie die Wechsel meines Selbst- und Weltverhältnisses, wie Bildungsprozesse initiiert werden (können). Das ist insofern bemerkenswert, als ja die alte, humanistische Fassung des Begriffs (die Humboldts) beinhaltet (hat), der Drang, sich zu bilden, sich auszuformen zu einem Individuum, am Selbst zu arbeiten, eigene Subjektivität zu entfalten – wohne in jedem einzelnen schon von vornherein und mache sich geltend. Kokemohr, referiert Koller, löse „sich von der in der bildungstheoretischen Tradition weit verbreiteten Präsupposition eines selbstreferenziellen autonomen Subjekts"[80]; es komme

> „der Anstoß von Transformationen stets von anderswoher […]. Bildung ist nicht die bloße Entfaltung immer schon vorhandener ‚innerer' Kräfte, die der Außenwelt allenfalls im Sinne eines Übungsfeldes bedürfen. Bildung ist vielmehr ein ‚responsives' Geschehen, bei dem das Subjekt auf einen Anspruch antwortet,

---

[80] Hans-Christoph Koller, Probleme einer Theorie transformatorischer Bildungsprozesse, in: ders., Winfried Marotzki u. Olaf Sanders (Hrsg.), Bildungsprozesse und Fremdheitserfahrung. Beiträge zu einer Theorie transformatorischer Bildungsprozesse, transcript Verlag, Bielefeld 2007 (Theorie Bilden 7), S. 69-81, hier S. 69, Anm. 1.

der von einem anderen Ort aus ergeht und dem es sich nicht oder nur um den Preis einer Verhärtung seines Welt- und Selbstverhältnisses entziehen kann. Und zum andern macht der Rekurs auf Waldenfels [ein Autor, auf den Kokemohr sich stützt] deutlich, dass Bildung kein harmonisch-naturwüchsiger Reifungsprozess ist, in dem ein Subjekt seine Anlagen im Einklang mit der Umwelt entfalten würde. Bildung wird vielmehr [...] ausgelöst durch krisenartige Erfahrungen, die mit einer Beunruhigung, einer Störung, ja einem gewaltsamen Einbruch in die gewohnte Ordnung einhergehen."[81]

Der einzelne, der ein nicht-autonomes „Subjekt" ist, der von sich selber aus nicht sich bilden will oder dem der Impetus dazu gar nicht eignet, wird in seinem Leben irgendeinmal (in der hochkomplexen Gesellschaft: regelmäßig) mit dem Anspruch eines Fremden konfrontiert: Bildungsprozesse werden dort notwendig, „wo Erfahrungen nicht in die Grundfiguren jener lebensgeschichtlich aufgebauten Ordnung integriert werden können, die meine alltäglichen Interpretationen leiten"[82]; die hergebrachten Ordnungsfiguren würden fraglich, tentativ würden neue entworfen. Entweder also, der einzelne bleibt trotz der Verstörung durch das Fremde bei seinem Selbst- und Weltverhältnis (er verhärtet sich), oder er meistert die Krise; er antwortet dem fremden Anspruch; er findet eine neue Ordnungsfigur. Da das Fremde, begegnet man ihm, (potentiell) Bildungsprozesse auslöst, macht Kokemohr Probleme der interkulturellen Kommunikation zum Gegenstand seiner empirischen Untersuchung: wie werden vom einzelnen widerständige Erfahrungen verarbeitet? Denn man muß im Alltag mit solchen Erfahrungen klarkommen, man muß weiter handeln können. Der Bildungsprozeß sei ein Handlungsproblem: der einzelne solle „in der Achtung der Fremdheit des Anderen ein Welt- und Selbstverhältnis" entwerfen, „in

---

[81] Ebd., S. 71.

[82] Rainer Kokemohr, Bildung als Welt- und Selbstentwurf im Anspruch des Fremden. Eine theoretisch-empirische Annäherung an eine Bildungsprozesstheorie, in: Hans-Christoph Koller, Winfried Marotzki u. Olaf Sanders (Hrsg.), Bildungsprozesse und Fremdheitserfahrung. Beiträge zu einer Theorie transformato-rischer Bildungsprozesse, transcript Verlag, Bielefeld 2007 (Theorie Bilden 7), S. 13-67, hier S. 14.

dem sich das Handlungsproblem lösen kann."[83] Eine zentrale Stelle bei Kokemohr, die auch von Koller zustimmend zitiert wird, heißt:

> „Auf die Beunruhigung durch das Fremde antworten heißt hier, das mich ansprechende Fremde als erregenden Eingriff in meine Ordnung zu erfahren und jede Antwort, die ich zu geben versuche, als Moment eines Prozesses zu entwerfen, in dem ich dem, was sich den Figuren meiner Ordnung entzieht, eine andere Gestalt zu geben suche, eine Gestalt, unter deren Gebot ich, wissend, dass sie als Gestalt aus dem Erregungspotenzial meiner Ordnungsfiguren dem Anspruch des Fremden nie in seiner originalen Unzugänglichkeit entsprechen kann, eine für den Anderen und für mich lebbare Ordnung zu entwerfen suche."[84]

Wenn ich also etwa heterosexuell bin und per Sozialisation homophobe, sexistische und xenophobe Ressentiments erworben habe (die ich selber als solche nicht weiß, nicht namhaft machen kann), Ordnungsfiguren, die mir bis dato plausibel erscheinen, und ich, als Ingenieur bei einem großen Industriekonzern, das Büro teilen soll mit einer neuen Kollegin aus den USA und einem neuen Kollegen aus Indien, der gleich beim Kennenlerngespräch mitteilt, er sei schwul, was mache ich da? Hier ist mir das Fremde begegnet; ich muß damit umgehen; ich muß weiterhin handeln können. Ich kann auf meinen Ressentiments sitzen bleiben, mich verhärten, die neuen wie Luft behandeln oder blöd anmachen, was die Zusammenarbeit aber empfindlich stört. Ich kann, auch wenn ich nie verstehen werde, wie es ist, schwarz, eine Frau, schwul zu sein (wie diese (in furchtbar weiten Teilen immer noch) rassistische, homophobe, sexistische Welt sich darstellt in den Augen eines Schwarzen, eines Schwulen, einer Frau); auch wenn ich (noch) nicht ganz ablassen will von meinen Auffassungen – die Erschütterung durch das Fremde zulassen; versuchen, *eine für mich und den Anderen lebbare Ordnung zu entwerfen*. Es tritt dann ein, was Kokemohr Bildungsvorhalt nennt: die Bresche ist schon geschlagen in die alte Ordnungsfigur,

---

[83] Ebd., S. 25.
[84] Ebd., S. 32.

schließlich, verzögert, stelle ich später, einigermaßen verwundert, an mir selber fest: ich habe mich gewandelt: sogar eine Frau kann Panzer konstruieren,
die gewinnbringend verkauft werden können: das sehe ich jetzt ein. Auch „im
Fall der biologischen Zweigeschlechtlichkeit", also der „rigiden Differenzierung
von Männlichkeit und Weiblichkeit", soll man nicht an der alten Idee festhalten,
sondern „neue Schemata suchen und ausprobieren, die den Phänomenen angemessen sind"[85]. Der Mangel an Tentativität, das Festhalten an starren Ordnungsfiguren, das Ausagieren gar von Ressentiments hat schwere wirtschaftli-
che Schäden zur Folge. Man erinnere sich nur an die Neunzigerjahre, als in
Deutschland die Pogrome sich häuften: die Interessenlage der Unternehmerklasse sah (und sieht heute noch)

„so aus, daß der Präsident der Berliner Industrie- und Handelskammer berich-
tet, in Brandenburg habe eine US-Firma ihr Investitionsangebot ‚wegen der
Unruhen' zurückgezogen, und er spüre im Ausland bereits ‚zunehmende Kälte'.
Der Sprecher des größten deutschen Konzerns, der Daimler-Benz AG, warnt,
daß der Autoexport Schaden nehmen könnte. Die psychologischen Auswirkun-
gen ‚bestimmter Vorgänge der letzten Zeit in Deutschland' seien äußerst negativ: ‚Was sich im Ausland als neues Deutschland-Bild abzeichnet, ist verhee-
rend.' Der Sprecher des Verbandes Deutscher Maschinen- und Anlagenbau
sagt: ‚Geschäftsabschlüsse sind nicht nur vom guten Preis abhängig, sondern
auch von Sympathie und gutem Willen. Im Ausland gibt es einen Erklärungs-
bedarf über die Vorgänge in Deutschland. Da ist man als deutscher Geschäftsmann erst mal in der Defensive und kann gar nicht über das Produkt reden,
das man verkaufen will.' Und der Präsident des Bundesverbands der Deutschen
Industrie (BDI), Tyll Necker, verlangt von den Unternehmern geradezu eine
‚Offensive gegen Fremdenfeindlichkeit'. Deutschland drohe eine ‚wirtschaftli-
che und politische Isolierung'. So sehr sorgen sich Teile des deutschen Kapitals
um die Rendite, daß sie sogar Mitglieder ihres politischen Personals zu nicht
direkt ausländerfeindlichen Äußerungen zwingen: Birgit Breuel von der Treu-
handanstalt durfte sagen, daß internationale Investoren mit Sorge auf Deutsch-

---

[85] Jörissen u. Marotzki, Medienbildung, S. 19 f.

land schauten, und Friedhelm Ost von der CDU, Vorsitzender des Bundestags-
ausschusses für Wirtschaft, mußte verdeutlichen: ‚Die Anschläge auf Asylbe-
werber-Unterkünfte, Angriffe rechtsradikaler Terroristen auf Ausländer und
Verwüstung jüdischer Einrichtungen haben verheerende Wirkung auf Investiti-
onsentscheidungen ausländischer Firmen. Solche Gewalttaten bringen den
Standort Deutschland international in Verruf.'"[86]

So lange die Gemeinwesen in den wirtschaftlich führenden Ländern liberal verfaßt sind, gibt es bei den Unternehmern ein Interesse an Tentativität in ihrem
Unternehmen selber wie überhaupt in der Gesellschaft; je mehr Tentativität,
desto weniger wird der Betrieb gestört, desto geschmeidiger läuft er. Je mehr
der liberalen Tugend der Tentativität, je weniger Verstocktheit unter den Menschen, desto weniger Stockungen in der Produktion, desto höhere Produktivität
und Effizienz. Die Welt soll zu Gast bei Freunden sein, wir sind die Weltmeister
der Herzen, wir sind weltoffen. Die Fähigkeit, dem Fremden angemessen zu
begegnen, ist ein aktuelles Erfordernis, das vor allem von der modernen Ökonomie erheischt wird. Die Herausforderung durch das Fremde führt zur Anpassung des einzelnen an das Bestehende oder soll es zumindest.

Koller hat sich ausgiebig mit der Entstehung des Neuen in Bildungsprozessen befaßt. Bildungsprozesse haben

„es – unabhängig davon, wie man ihr Ziel im Einzelnen definiert – mit der *Entstehung von Neuem* zu tun […]. Wie auch immer man die Frage nach dem Ziel
pädagogischen Handelns beantwortet – in jedem Fall soll es dazu beitragen,
dass Heranwachsende *neue* Kenntnisse, Fähigkeiten und Einstellungen erwerben. Zu fragen ist deshalb, wie diese Entstehung des Neuen in Bildungsprozessen genauer beschrieben und erklärt werden kann."[87]

---

[86] Hermann L. Gremliza, Kapitalistische Antifa?, in: ders., Gegen Deutschland.
48 Nestbeschmutzungen, Konkret Literatur Verlag, Hamburg 2000, S. 34-37,
hier S. 36.
[87] Koller, Entstehung, S. 50.

Wie oben zitiert, soll nach Marotzki die Bereitschaft zu Neuem im Idealfall zu einer neuen Gewohnheit werden; nicht nur einmal, aus der Not heraus, soll der Wechsel zu einer anderen Haltung gelingen, sondern der einzelne soll dauernd bereit sein, sich auf Neues einzulassen, das Neue hervorzubringen. Im Produktionsprozeß braucht man heute mehr denn je pfiffige, gebildete Köpfe, sogenannte Querdenker, die auf die entscheidende Neuerung kommen, die die Innovationen hervorbringen und so dem Unternehmen, das unter dem Druck der internationalen Konkurrenz steht, den entscheidenden Vorteil verschaffen. Bildungsprozesse finden ja unter konkreten herrschenden Verhältnissen, unter gesellschaftlichen Bedingungen statt; der Druck auf das Individuum in der Arbeitswelt, in der man ankommen muß, ist heute größer als je, die Anforderungen sind höher als früher; es geht, wie Koller sagt, um die Zuweisung von Lebenschancen an die Individuen. Ich werde *unter den herrschenden Bedingungen* angeregt oder genötigt, mein Selbst- und Weltverhältnis zu prüfen und gegebenenfalls zu wechseln; die Richtung, in die ich es wechsle, ist von der gegebenen Situation bestimmt. De facto wird es äußerst selten der Fall sein, daß jemand sich wandeln wird zum Aussteiger; vielmehr wird man sich den Anforderungen, wie sie kommen, möglichst gekonnt und wendig anpassen, um ordentlich über die Runden zu kommen. Koller bezeichnet Bildungsprozesse auch gern als innovatorische Prozesse. Und gerade der Begriff der Innovation ist ja zentral im gesellschaftlichen Gespräch über die heutige Arbeitswelt. Die Haltung, die die neuen Theoretiker dem einzelnen vorschlagen: unausgesetzt bereit zu sein für einen Wechsel der Schemata und der Haltungen, der Rahmungen und der Ordnungsfiguren (indem man diese als solche im Bewußtsein hält), ist die, die der einzelne braucht, wenn er seine Arbeitskraft verkaufen will. In dem Wort Ingenieur steckt das lateinische ingenium, die Erfindungsgabe; der Ingenieur ist einer, der das Neue hervorbringen soll, der durch Innovationen die Profitrate steigern soll. Wer im Sinn der neuen Bildungstheorie gebildet ist, bringt die Voraussetzungen mit, die auf dem Arbeitsmarkt gefragt sind. Koller weist immer wieder darauf hin, daß die Gewinnung neuer wissenschaftlicher Erkenntnisse strukturell dem Wechsel des Selbst- und Weltverhältnisses gleicht. Die neue Bildungstheorie scheint nur ein ideologischer Ausdruck zu sein dessen, was die bestehenden Verhältnisse, im speziellen die heutige Ökonomie, vom einzelnen Arbeitskraftverkäufer verlangt.

An den Stellenanzeigen in den Zeitungen und im Internet kann man das alles bestätigt finden. So heißt es auf der „Karriere"-Seite eines Stuttgarter Verlags: „Konradin-Mitarbeiter sind Team-Player, denken lösungsorientiert und handeln eigenverantwortlich. Erfolgversprechende Ideen und Innovationen sind uns wichtig."[88] Zum Logo der Universität Duisburg-Essen gehört der Schriftzug „Offen im Denken", die Selbstbeschreibung lautet:

> „Wir sind eine der jüngsten Universitäten Deutschlands und denken in Möglichkeiten statt in Grenzen. Mitten in der Ruhrmetropole entwickeln wir an 11 Fakultäten Ideen mit Zukunft. Wir sind stark in Forschung und Lehre, leben Vielfalt, fördern Potenziale und engagieren uns für eine Bildungsgerechtigkeit, die diesen Namen verdient."

Die Kooperationsstelle EU der Wissenschaftsorganisationen (KoWi) sucht eine(n) „Wissenschaftliche/n Mitarbeiter/Mitarbeiterin"; folgende Anforderungen werden gestellt: „Sehr gute Kommunikationsfähigkeit (deutsch, englisch)", „Teamfähigkeit und proaktive, selbstständige Arbeitsweise", „Hohe Belastbarkeit und die Bereitschaft zu häufigen Dienstreisen". Stets werden die Berufsbezeichnungen in maskuliner und femininer Form gegeben, um die eigene nichtsexistische Offenheit zu demonstrieren; wer am besten geeignet erscheint, kriegt den Job, egal ob Mann oder Frau. Die Uni Hamburg teilt mit: „Communication in the international research community of the Centre is conducted in English, Ph.D. (Dr. phil.) dissertations should be written in English or German." Man kann es sich noch leisten, eine Doktorarbeit auf deutsch zu schreiben, aber als Postdoc muß man das Englische beherrschen. Zum Logo der Hochschule Osnabrück gehört der Schriftzug „Ein Leben lang neugierig".[89] Die Firma Wandres sucht einen Ingenieur: „Durch die enge Zusammenarbeit mit unseren internationalen Kunden ist es uns gelungen, eine Position zu erreichen, die man als

---

[88] https://www.konradin.de/de/karriere/ (abgerufen am 4. Mai 2017).
[89] Alle Zitate aus dem Anzeigenteil der „Zeit", Nr. 18, 27. April 2017.

Hidden Champion oder Marktführer bezeichnet. [...] Teamarbeit und Fairness prägen den Arbeitsstil unserer derzeit 140 Mitarbeiter"; auch hier braucht man gute Englischkenntnisse, zu den Aufgaben rechnet die „Verantwortung für die konstruktive Weiter- und Neuentwicklung unserer Reinigungssysteme und -anlagen." Das Universitätsklinikum Düsseldorf sucht jemanden für die Finanzabteilung; dessen Eigenschaften sollen sein:

„Fähigkeit[,] analytisch, konzeptionell und bereichsübergreifend zu denken", „Neue Anforderungen sind für Sie eine Herausforderung: Sie zeigen Eigeninitiative, Führungsstärke und haben Freude an der Gestaltung von Fi-Prozessen", „Ausgeprägter Teamgeist und Kommunikationsvermögen".[90]

Die Stadt Stuttgart sucht eine(n) „SAP-System- und IT-Prüfer/-in"; über sich selbst gibt sie kund:

„Mit ihren mehr als 19.000 Mitarbeiterinnen und Mitarbeitern ist die Landeshauptstadt viertgrößte Arbeitgeberin in der Region Stuttgart. Sie sucht Fachleute verschiedenster Ausrichtungen und bietet berufliche Vielfalt und Perspektive, ein integratives und tolerantes Klima, variable Teilzeitmodelle, sehr gute Fort- und Weiterbildung, ein bezuschusstes Firmenticket, gute Vereinbarkeit von Familie und Beruf. Der Landeshauptstadt Stuttgart ist eine vielfältige Personalzusammensetzung sehr wichtig. Wir begrüßen deshalb Bewerbungen von Frauen und Männern, unabhängig von ethnischer Herkunft sowie von Alter, Religion, Weltanschauung, Behinderung oder sexueller Identität. Schwerbehinderte (Grad der Behinderung mindestens 50) sowie gleichgestellte Bewerber/-innen werden bei entsprechender Eignung vorrangig berücksichtigt. Teilzeitarbeit ist auch auf Vollzeitstellen möglich, sofern in der Ausschreibung nichts anderes angegeben ist. Für Tandembewerbungen sind wir offen."[91]

Die Stadt Reutlingen beschreibt sich in ihren Stellenanzeigen wie folgt:

---

[90] Alle Zitate aus dem Anzeigenteil der „FAZ", Nr. 100, 29. April 2017.
[91] Aus dem Anzeigenteil der „Stuttgarter Zeitung", Nr. 99, 29. April 2017.

„Wir sind eine moderne Stadtverwaltung, die den Umgang mit gesellschaftlicher Vielfalt im Alltag lebt. Wir pflegen eine Unternehmenskultur, die von gegenseitigem Respekt und Wertschätzung geprägt ist. Die Förderung der Chancengleichheit aller Mitarbeiterinnen und Mitarbeiter ist für uns selbstverständlich. Wir begrüßen daher Bewerbungen aus allen Altersgruppen, unabhängig von Geschlecht, kultureller und sozialer Herkunft, Behinderung, Religion, Nationalität, Weltanschauung und sexueller Orientierung."[92]

Die Bereitschaft, die Fähigkeit zum Neuen wird jedem abverlangt. Über den „Wandel der Arbeit – Wandel im Betrieb" heißt es in einem Wirtschaftsmagazin: „Die Neuordnung beginnt mit dem Nachdenken des Teams über sich selbst." Über den „Arbeitsplatz der Zukunft" bei Wüstenrot & Württembergische liest man:

„Ende dieses Jahres werden die ersten Abteilungen – rund 1200 Mitarbeiter – in den dann fertiggestellten ersten Bauabschnitt des W&W-Campus ziehen. ,Bei genauerer Betrachtung geht es aber nicht nur um das Umziehen von Personen oder Gegenständen in die neue Immobilie. Sondern vielmehr um den Start einer neuen Arbeitswelt bei W&W', erklärt Pauser [Konzernpersonal-Leiterin]. ,Diese neue Arbeitswelt bietet mehr Optionen der Zusammenarbeit und des Miteinanders als die bisherigen Arbeitsumgebungen. Dabei sind manche vertraute und zur alten Welt gut passende Verhaltensweisen im neuen Campus zu hinterfragen und auch anzupassen. Ziel ist und bleibt ein noch besseres Miteinander und mehr Flexibilität, um die notwendigen Veränderungen gemeinsam gut bewältigen zu können', ergänzt Pauser."

Bei der Manz AG sollen digitale Werkzeuge und globale Zusammenarbeit die weltweit tätigen Inbetriebnahme- und Serviceteams „noch effizienter" machen.

---

[92] Aus dem Anzeigenteil der „Nürtinger Zeitung", Nr. 104, 6. Mai 2017.

„Die Digitalisierung der eigenen Fertigung bis hin zur Inbetriebnahme neuer Anlagen bei den Kunden ist dabei für den Hightech-Maschinenbauer Manz viel mehr als eine Frage neuer Technologien. Denn Digitalisierung erleichtert nicht nur die Zusammenarbeit, sondern verändert gleichzeitig die Anforderungen an die Mitarbeiter. Zum Beispiel in Sachen Flexibilität, Neugier auf Neues und somit der Bereitschaft zu permanenter Weiterbildung. ‚Innovationen wie die Daten-brille werden die länderübergreifende Zusammenarbeit in den Teams viel effi-zienter machen', sagt Christian Zender, der als Prozessingenieur schon für drei Jahre am Manz-Standort in Suzhou in China tätig war und derzeit als Projekt-leiter für neue Energiespeicherlösungen zu Manz Italien entsandt ist. ‚Unsere Kunden sitzen vor allem in Asien und in Amerika. Mit digitaler Kommunikation in Echtzeit sparen wir künftig enorm viel Reisezeit und auch Reisekosten. An-dererseits klappt es, wegen der Zeitverschiebung zwischen den Ländern, nicht immer mit Feierabend um fünf.'"

Das Unternehmen beschäftigt an Standorten in Deutschland, China, Taiwan, der Slowakei, Ungarn und Italien rund 1800 Mitarbeiter. „Das dynamische Um-feld von Manz stellt höchste Anforderungen an deren Qualifikation, denen das Unternehmen mit einem umfangreichen Schulungs- und Weiterbildungsange-bot der Manz Academy begegnet." „Most Wanted: Open Minds" ist ein Artikel über die Walter AG überschrieben. „Hier wird Industrie 4.0 nicht nur gelebt, sondern die Zukunft der Fertigung auch gezielt erfunden und entwickelt." Dort entstand eine holografische Brille: der Kollege „kann mit der HoloLens buch-stäblich im Vorübergehen sehen, was die Maschinen leisten und ob seine Pro-duktivitätsziele erreicht werden oder nicht. Es geht also um Effizienz, die här-teste Währung in der Welt einer Smart Factory." Der Mitarbeiter Florian Böpple sagt im Interview:

„Das TC [Technology Center] wird als Factory of the Future bezeichnet. Für uns und natürlich für unsere künftigen Kolleginnen und Kollegen ist das TC eine Arbeitsumgebung, in der wir Neues ausprobieren. Wo wir Bestehendes umset-zen und weiterentwickeln. Aber auch für unsere Kollegen aus anderen Abtei-lungen, ist das TC ein Ort, an dem Bestehendes im Kontext ‚Vernetzung und

Digitalisierung' neu gedacht werden kann. Hier haben wir die Möglichkeit[,] weit nach vorne zu schauen, wie zum Beispiel mit Entwicklungen wie der HoloLens und unseren Augmented Reality Applikationen. Damit lösen wir aktuelle sowie zukünftige Problemstellungen."

Und weiter meint er:

„Die Hochschulen richten sich langsam auf unsere Anforderungen ein. An der DHBW Stuttgart gibt es jetzt beispielsweise einen Studiengang ‚BWL-Industrie 4.0'. Doch eines kann man nicht studieren, das muss man schon als Teil seiner Persönlichkeit mitbringen: Neugier, Offenheit und die Bereitschaft[,] sich mit Neuem auseinanderzusetzen. Kurz: Unser Technology Center ist offen für Open minds!"

Auch bei der Paul Horn GmbH wird durch technische Neuerungen die Produktivität gesteigert. Es sollen aber keine Mitarbeiter eingespart werden:

„‚Wir wollen […] nicht die Mitarbeiterzahl abbauen, sondern den Umsatz weiter steigern. Für viele Mitarbeiter werden sich die Arbeitsbedingungen verändern. Aber die Belastungen sollen dadurch geringer werden. Es ist uns daher ein wichtiges Anliegen, unseren Mitarbeitern im täglichen Gespräch diese Befürchtungen zu nehmen. Die Menschen sind für mich immer wichtiger als Maschinen. Aber die Bremsklötze müssen aus den Köpfen raus – denn Stillstand ist bei uns keine Option.'"

Der Fokus müsse sich noch mehr auf Mitarbeiterqualifikationen und Lernmethoden richten:

„Wenn Technologiezyklen sich beschleunigen, veraltet Fachwissen immer schneller. Unternehmen sind deshalb auf lernfähige Mitarbeiter angewiesen, die bereit sind, sich immer wieder neu auf Veränderungen einzustellen. Auch persönliche Eigenschaften wie Kooperations- und Kommunikationsfähigkeit gewinnen weiter an Bedeutung, wenn Prozesse über Abteilungs- und Unternehmensgrenzen hinweg ineinandergreifen. Wenn sich das Arbeitsumfeld schneller verändert und sich die ‚Halbwertzeit' von Fachwissen verkürzt, sind neue Qua- lifizierungsansätze direkt oder nah am Arbeitsplatz gefragt. [...] Doch der Schritt, Lernprozesse im Sinne eines neuen ‚Workplace Learning' direkt in die Arbeitsprozesse zu integrieren, ist meist noch nicht vollzogen. Technisch ist schon vieles machbar; die größere Herausforderung ist aber der Kulturwandel, der mit dieser Entwicklung einhergehen muss – sowohl bei Mitarbeitern als auch im Unternehmen. Mitarbeiter sind oft geprägt von klassischem Frontalun- terricht und der Gewohnheit, Wissen auf Vorrat zu ‚konsumieren'. Lernen im digitalen Wandel bedeutet jedoch, dass sie sich vermehrt am Arbeitsplatz das Wissen aneignen, das sie genau für diese Tätigkeit oder eine konkrete Prob- lemlösung brauchen. Die dafür benötigte Lernfähigkeit und Flexibilität lassen sich nur eingeschränkt vermitteln, da diese Eigenschaften von der individuellen Persönlichkeit und Haltung des Einzelnen bestimmt sind. Am ehesten gelingt dies durch eine Lernkultur im Unternehmen, die informelles Lernen, z. B. unter Kollegen[,] genauso fördert und wertschätzt wie formal erworbene Skills. Or- ganisationen, die schon heute Strategien und Konzepte entwickeln, um die Lernbereitschaft und -fähigkeit ihrer Belegschaft auszubauen, sind gut gewapp- net für die Herausforderungen der Zukunft."

Ein weiterer Artikel – über die Rampf Holding – ist überschrieben mit „Ein Ar- beitsleben lang lernen":

„Industrie 4.0 birgt großes Potenzial – wenn Unternehmen die richtigen Rah- menbedingungen und Anreize schaffen und Mitarbeiter bereit sind, laufend neues Wissen zu erlangen. [...] Gemein ist all diesen Arbeitsplätzen [bei Rampf], dass sie infolge von Industrie 4.0, der Vernetzung von Produktion mit Informations- und Kommunikationstechnik, teils tiefgreifende Veränderungen erfahren werden. Am Beispiel der Maschinenbetten lässt sich dies gut veran- schaulichen: Bei deren Entwicklung müssen immer mehr digitale Schnittstellen eingeplant werden, die dann bei Fertigung und Montage umgesetzt werden müssen. ‚Im Rahmen von Industrie 4.0 muss jeder dazu lernen', betont Rampf. Und eben hierfür müssen die Voraussetzungen geschaffen werden. Zumeinen ganz am Anfang, bei der Ausbildung, zum anderen bei der Weiterbildung: ‚Die von Unternehmen angebotenen Aus- und Weiterbildungsinhalte müssen gewährleisten, dass Auszubildende und Mitarbeiter immer auf dem neuesten Wissenstand sind. Und die Belegschaft muss wiederum bereit sein, ein Arbeitsleben lang zu lernen', sagt Anja Fujan, Leiterin der Personalabteilung bei der Rampf Holding. Dafür hat das Unternehmen auch eine eigene ‚Lehranstalt' ins Leben gerufen, die sogenannte Rampf-Academy. Dort werden Schulungen und Workshops für Mitarbeiter durchgeführt, unter anderem in den Bereichen IT, Compliance und Persönlichkeitsentwicklung. Auch das eigens entwickelte Innovationsmanagement fördert und belohnt Mitarbeiter, die über den Tellerrand hinausblicken und neue Produkte und Prozesse entwickeln."[93]

Diese kleine Zitatenschau zeigt, daß Tentativität, daß Reflexivität die eine, zentrale Schlüsselqualifikation für den heutigen Arbeitnehmer ist. Sie erhöht die Chancen des einzelnen auf dem Arbeitsmarkt; sie ist es, die vom heutigen Stand der Ökonomie verlangt wird. Das Faktische fordert den einzelnen heraus; die Macht des Faktischen, die Macht der konkret gegebenen Bedingungen und Erfordernisse gibt die Richtung vor, die inhaltliche Bestimmung (sie zeichnet sich negativ ab), in der die Wechsel der einzelnen sich – bei Strafe des Entzugs von Lebenschancen – zu vollziehen haben. Die Haltung des einzelnen soll reflexiv sein; sie läuft aber auf eine reflexhafte Anpassung des einzelnen an das gesellschaftliche Getriebe hinaus, namentlich auf die Anpassung des einzelnen an die Erfordernisse am Arbeitsplatz, auf die Bemeisterung von dort auftretenden Problemen im Dienst der Produktivität.

    Kokemohr gibt am Schluß seines Aufsatzes über den Anspruch des Fremden ein Beispiel für den Nutzen seiner Auffassung von Bildung: wenn ein fälliger Wechsel noch nicht vollzogen ist, wenn also (noch) vorliegt, was Bildungsvorhalt heißt, kann doch eine dritte Seite schon einmal produktiv werden,

---

[93] Alle Zitate aus dem „Wirtschaftsmagazin", Sonderveröffentlichung des „Reutlinger Generalanzeiger", Nr. 13, April 2017; sprachliche Fehler im Original.

indem sie eine Einrichtung so trifft, daß wenigstens der Betrieb nicht aufgehalten wird: so haben es die Deutsche Bahn und die Post gemacht: man muß sich dort auf eine bestimmte Weise in der Warteschlange aufstellen, die zwar „rassistische Deutungen der Akteure nicht vollends ausschließen kann, [doch] lenkt sie das Verhalten so, dass sie für den Handlungsablauf funktionslos bleiben."[94]

Den Ansprüchen des Fremden also durch Wechsel meiner Selbst- und Welthaltung genügen; die Rahmungen des eigenen Denkens durchschauen lernen und sie verändern, anpassen können; verstehen, daß man anders denken kann – und es tun: das fassen die neuen Theoretiker mit den Begriffen das Fremde, Anspruch des Fremden, das Neue, manchmal auch: das Andere. Das Andere gibt es als Begriff auch bei Adorno – ist es das gleiche Andere wie in der neuen Bildungstheorie oder ein anderes Anderes? Der als struktural beschriebene Transformationsprozeß wird unter den konkreten sozialen Bedingungen zur Anpassung des einzelnen an das Bestehende. Adorno aber meinte mit seinem Begriff des Anderen gerade das nicht; auch er wollte das Neue oder Andere, das in der Zukunft entstehen solle, nicht positiv bestimmen, weil es durch die dialektisch vermittelnde Bestimmung aus dem schlechten Alten Spuren desselben haben würde, die das Neue, Andere nicht haben soll; das Andere ist bei Adorno die Utopie einer anders verfaßten Welt (in den Kunstwerken ist ein Vorschein davon zu sehen), es wäre „das menschlich verheißene Andere der Geschichte"[95]; es wäre die Verneinung des Bestehenden in eine ganz bestimmte Richtung: in die einer befreiten Gesellschaft, jenseits des Kapitalismus („Konvergenz"[96] nennt Adorno den utopischen Zustand, in dem die Widersprüche der jetzigen, der antagonistischen Gesellschaft nicht mehr da sind). Das Andere bei Adorno wäre Resultat kollektiven Handelns, es wäre Aufhebung von Herrschaft und Ausbeutung, also Transformation – zunächst gewiß meiner eigenen Haltung, dann aber auch – der gesellschaftlichen Struktur. Wenn auch

---

[94] Kokemohr, Anspruch des Fremden, S. 66.
[95] Theodor W. Adorno, Negative Dialektik, in: ders., Negative Dialektik. Jargon der Eigentlichkeit (= Gesammelte Schriften 6), Suhrkamp Verlag, Frankfurt a. M. 1997 (= suhrkamp taschenbuch wissenschaft 1706), S. 7-412, hier S. 396.
[96] Ebd.

der Weg dorthin und die genaue Einrichtung des zukünftigen Anderen nicht beschrieben werden, so ist doch negativ eine Bestimmung gegeben. Das erhoffte Jenseits zu dem Regime der Produktivität umreißt Adorno einmal mit den Worten:

> „Rien faire comme une bête, auf dem Wasser liegen und friedlich in den Himmel schauen, ‚sein, sonst nichts, ohne alle weitere Bestimmung und Erfüllung' könnte an Stelle von Prozeß, Tun, Erfüllen treten und so wahrhaft das Versprechen der dialektischen Logik einlösen, in ihren Ursprung zu münden. Keiner unter den abstrakten Begriffen kommt der erfüllten Utopie näher als der vom ewigen Frieden."[97]

3.4 EMPIRISCH ANSCHLUSSFÄHIG – ZU WELCHEM ENDE?

Die neuen Bildungstheoretiker sind sich auch darin einig, daß der reformulierte Bildungsbegriff „empirisch anschlußfähig" sein soll. Und etwa Marotzkis Buch enthält ja auch empirisches Material (aus einem qualitativen biographischen Interview mit einer Studentin), das er auslegt. Er zeigt, wie Krisenerfahrungen bei der Betroffenen zu einem „Negationsstil" führen; dabei werden neue „Plausibilitätsstrukturen" hervorgebracht und „Konversionen" vollzogen: jemand ändert sein Selbst- und Weltverhältnis. Diesen Mikroprozeß nimmt Marotzki unter die Lupe. Da man „moderne Gesellschaften als Lerngesellschaften bezeichnen kann", gebe es

> „gute Gründe dafür, die Aufmerksamkeit stärker auf die Struktur, Beschaffenheit und Voraussetzungen von Lern- bzw. Bildungsprozessen aus der Blickrich-

---

[97] Ders., Minima Moralia. Reflexionen aus dem beschädigten Leben (= Gesammelte Schriften 4), Suhrkamp Verlag, Frankfurt a. M. 1997 (= suhrkamp taschenbuch wissenschaft 1704), S. 179.

tung der Konstitutionsproblematik von Subjektivität zu richten. [...] Die Sammlung gängiger Statements, die eine neuartige Organisation von Lern- und Bildungsprozessen in der Moderne fordern, geht von den bekannten Forderungen des Club of Rome (1979) über Standardphrasen der Bildungspolitiker bis hin zu den hier herangezogenen zeitdiagnostischen Untersuchungen und Abhandlungen. Will man über die Ebene pauschaler Forderungen hinausgelangen, und das wäre die Erwartung an erziehungswissenschaftliche Theoriebildung, muß der Objektbereich genauer geklärt werden. Diese Klärung muß m. E. vor allem auch mikrostrukturelle Klarheit erbringen, soll sie mehr als bloß Problematik und Postulation sein. [...] Wie sehen also Lern- und Bildungsprozesse aus, die in der Moderne immer dringlicher werden und deren Ermöglichung, Organisation, Stützung und Förderung Aufgabe pädagogischen Handelns sein könnte?"[98]

Marotzki arbeitet grundlagentheoretisch. Das ist der Punkt, von dem aus alles weitere auszugehen hat, wenn man wegkommen will von den beliebig vorgebrachten Forderungen und Standardphrasen; wenn man Lern- und Bildungsprozesse neu organisieren will. Zuerst muß die Mikrostruktur des grundlegenden Wechsels in der Selbst- und Welthaltung begriffen sein, dann kann das pädagogische Handeln solche Prozesse organisieren, stützen und fördern. Das ist die spätere Nutzanwendung der Grundlagenforschung. Alle von mir untersuchten Autoren zielen auf eine verbesserte Praxis. Bei Koller heißt es:

„Wie auch immer man die Frage nach dem Ziel pädagogischen Handelns beantwortet – in jedem Fall soll es dazu beitragen, dass Heranwachsende *neue* Kenntnisse, Fähigkeiten und Einstellungen erwerben. Zu fragen ist deshalb, wie diese Entstehung des Neuen in Bildungsprozessen genauer beschrieben und erklärt werden kann."[99]

---

[98] Marotzki, Entwurf, S. 30.
[99] Koller, Entstehung, S. 50.

Im Anschluß an Charles Sanders Peirce meint Koller, „dass sich die Entstehung neuer Welt- und Selbstentwürfe weder vorhersagen noch pädagogisch planen oder steuern" läßt, es gebe aber „doch bestimmte Bedingungen"[100], die Bildungsprozesse begünstigten.

Er rät außerdem allen, die empirische Untersuchungen machen, auch das aufzuspüren, was er mit Kokemohr Bildungsvorhalt nennt: daß also zumindest die Möglichkeit anderer Rahmen und Standpunkte aufscheint, daß im empirischen Material Keimzellen eines anderen Entwurfs sichtbar werden. [101] Denn auch dieses Potential gilt es zu nutzen. Kokemohr weist darauf hin, daß im Material nicht nur das Aufscheinen neuer Weltentwürfe festgestellt werden kann, sondern auch die Stabilisierung eines gegebenen Weltentwurfs[102] („dem Anspruch des Fremden lässt sich – wenn auch nur scheinbar – ausweichen, indem man sich im Eigenen einhaust"[103]): ein grundsätzlich möglicher Bildungsprozeß ist blockiert. Das ist ärgerlich, weil ein vorliegendes Problem nicht gelöst wird, wodurch der Betrieb aufgehalten wird; Bildung ist ja

„als Prozess eines Handelns begreifbar, das auf ein Problem, verstanden als Anspruch eines original Unzugänglichen, mit dem Entwurf eines anderen Welt- und Selbstverhältnisses antwortet, eine Antwort, die das auslösende Problem […] zu lösen verspricht und sich im nie abgeschlossenen Bildungsprozess als ein Zugang […] zu bewähren hat, die das original Unzugängliche achtet."[104]

Es geht aber nicht nur um die Problemlösekompetenz der Bildung im Getriebe des gesellschaftlichen Alltags und in der Arbeitswelt, sondern gerade auch um die Bildungsprozesse in der Schule. Marotzki stellt fest, „daß die Staatsschule

---

[100] Ebd., S. 56.
[101] Vgl. ders., Probleme, S. 80.
[102] Vgl. Kokemohr, Anspruch des Fremden, S. 36.
[103] Ebd., S. 34.
[104] Ebd., S. 65; original unzugänglich: Kokemohr stellt hier in Rechnung, daß man das Fremde prinzipiell nie ganz verstehen kann.

die Aufgabe hat, Bildungsprozesse zu initiieren."[105] Doch wird sie dieser Aufgabe gerecht? Verhilft sie den Schülern dazu, Routinen der Selbst - und Weltauslegung außer Kraft zu setzen, verhaltensstabilisierende Prämissen loszulassen, oder legt sie die Subjekte fest auf einen Lernmodus und blockiert damit „Prozesse des Umlernens und der Bildung"[106]? Das erstere scheint eher nicht der Fall: die Schule hat sich „die Möglichkeit, Bildungsprozesse zu organisieren, dadurch verbaut, daß sie einseitig auf Wissen setzt, das im Modus der Bestimmtheit organisiert ist."[107] Not tut also eine bessere Einrichtung der Bildungsinstitution Schule. Die Voraussetzung hierfür wäre ein näheres, empirisch belegtes Verständnis von Bildungsprozessen; hat man es in qualitativen Untersuchungen, wie sie von Marotzki & Co. angestellt werden, einmal gewonnen, lassen sich Schulen so einrichten, daß systematisch Bildungsprozesse begünstigt werden. Dann wiederum lassen sich die getroffenen Einrichtungen quantitativ auf ihre Effizienz hin prüfen. Mit den theoretischen und qualitativ-empirischen Bemühungen der hier untersuchten Autoren korrespondiert das Heraufkommen der Empirischen Bildungsforschung. So wurde etwa 2014 an der Universität Tübingen das Hector-Institut für Empirische Bildungsforschung gegründet; „es wird von der privaten Hector-Stiftung mit insgesamt 7,5 Millionen Euro auf zehn Jahre finanziert."[108] Cendrese Sandiku, Referentin für Hochschule und Forschung der Gewerkschaft Erziehung und Wissenschaft, kritisiert die Abhängigkeit dieser wissenschaftlichen Einrichtung von privaten Investoren: die dort betriebene Wissenschaft sei womöglich nicht mehr kritisch und frei, sondern bediene die Interessen der Investoren – also von Leuten aus der Unternehmerklasse, die auf diese Weise auf bestimmte Bereiche der Wissenschaft Einfluß zu nehmen versuchen, so daß am Schluß etwas für sie herausspringt. Es ist ja

---

[105] Marotzki, Entwurf, S. 144.

[106] Ebd., S. 153.

[107] Ebd. S. 159.

[108] Cendrese Sadiku, Privatfinanziertes Hector-Institut für Bildungsforschung gegründet, in: bildung und wissenschaft (b & w) – Zeitschrift der Gewerkschaft Erziehung und Wissenschaft Baden-Württemberg 68 (2014), H. 10, S. 6; vom Land Baden-Württemberg kommen zusätzlich 1,8 Millionen für ein Postdoc-Programm.

auch die Frage, was gefördert wird: die Allgemeine Pädagogik? Die Germanistische Mediävistik? Oder eben die Empirische Bildungsforschung? Wieso gerade sie? Wer hat etwas davon? Seit einigen Jahren schon hört man allerorten die Klage, die jungen Menschen interessierten sich viel zu wenig für die MINT-Fächer, also die mathematischen, naturwissenschaftlichen, informatischen und technischen. Die Wirtschaft brauche doch gerade Leute, die in diesem Bereich ausgebildet sind; man liest von Abertausenden Ingenieuren, die fehlen oder demnächst fehlen werden. Sogar Mädchen werden für diese Fächer zu gewinnen versucht, obwohl bis vor kurzem noch feststand, solches sei dem weiblichen Wesen fremd (und noch heute meinen das viele). „Mathematik gehört zu den Kernkompetenzen, die für den schulischen sowie beruflichen Erfolg eine wichtige Rolle spielen"[109], heißt es beim Hector-Institut über die dort laufende Studie MoMa (Motivation im Matheunterricht). Obwohl also die Schüler sich für Mathematik interessieren sollen, tun sie es nicht, schlimmer noch: kommen sie in die Adoleszenz, erleben sie „starke Motivationseinbrüche"[110]. Es gibt aber Hoffnung: „Erste amerikanische Studien weisen darauf hin, dass es möglich ist, die Motivation und Leistung von Schülerinnen und Schülern mit Hilfe einer einfachen, im Klassenkontext durchgeführten Intervention positiv zu beeinflussen."[111] Was heißt das? Es heißt, daß durch eine pädagogische Intervention die Schüler dazu gebracht werden sollen, ihre Haltung gegen die Mathematik zu ändern, dieses scheinbar langweilige und trockene Fach anders zu sehen, womöglich sogar, durch die hergestellte Anregung, Irritation, Verstörung, sich von diesem Fach begeistern zu lassen. Noch einmal anders: die „Förderung" der Schüler soll bewirken, daß sie von Mathemuffeln zu Mathebegeisterten werden, also ihr Selbst- und Weltverhältnis in bezug auf dieses Fach ändern. Unter der Überschrift „MINT: Eine Herausforderung" heißt es in einer Broschüre des Hector-Instituts:

---

[109] Http://www.wiso.uni-tuebingen.de/faecher/hector-institut-fuer-empirische-bildungsforschung/forschung/laufende-studien/moma.html (abgerufen am 13. Mai 2017).
[110] Ebd.
[111] Ebd.

„Physik, Chemie und Mathematik: Diese Fächer führen die Rangliste der unbe-
liebtesten Schul- und Studienfächer an, besonders unter jungen Frauen. Während das Interesse an naturwissenschaftlichen Fächern bis ins Jugendalter kon-
tinuierlich abnimmt, wächst die Bedeutung der Errungenschaften aus Naturwis-
senschaft und Technik im Alltag. Auch die Nachfrage an ingenieur- und natur-
wissenschaftlich ausgebildetem Nachwuchs in der Wirtschaft steigt weiter an.
Schon heute lässt sich beobachten, dass es an hochqualifzierten Fachkräften
fehlt – sowohl in der betrieblichen Ausbildung als auch bei Hochschulabsolven-
ten. Angesichts dieser Kluft steht die naturwissenschaftlich-technische Bildung
in Deutschland vor der drängenden Frage, was getan werden muss, um mehr
junge Menschen für Naturwissenschaften zu begeistern und besser auszubil-
den."[112]

Es wird geprüft, welche Intervention am ehesten zu einer Änderung der Wertschätzung der MINT-Fächer bei den Schülern führt; welche außerunterrichtli-
chen Anstöße es geben könnte, das Interesse an dem Bereich zu ändern; ob
das Experimentieren in Schülerlaboren die Sicht auf den Gegenstand verändern
kann. Wenn es verschiedene Interventionen gibt, die geeignet sein könnten,
die Schüler zu einer neuen Haltung dem Fachbereich gegenüber anzustoßen,
können diese in Tests miteinander verglichen werden. So wird die Effizienz des
jeweiligen Bildungsanstoßes geprüft. Wechsel, die im Sinn der gesellschaftlichen Produktivität erwünscht und nötig sind, können auf diese Weise bewerk-
stelligt werden. Marotzki zeigt, daß die Suche nach Anstößen für Bildungspro-

---

[112]http://www.uni-tuebingen.de/index.php?eID=tx_naw-
securedl&u=0&g=0&t=1494774670&hash=b28b1aa8d87a5311b675352e151
3c0d71134e6ab&file=fileadmin/Uni_Tuebingen/Fakultaeten/SozialVerhal-
ten/Insitut_f%C3%BCr_Erziehungswissenschaft/Dokumente/Empirische_Bil-
dungsforschung/Forschung/EBPP_-_MINT_V.pdf, S. 4 (abgerufen am 13. Mai
2017).

zesse nicht einfach ist und außerdem überraschend; er zeigt an seinem empirischen Material, daß etwa auch die Lektüre eines Romans zu einer Änderung der bisherigen Einstellung führen kann.[113]

Interessant wäre eine weiter ausgreifende Untersuchung zu dem Zusammenhang der neuen Bildungstheorie mit der Empirischen Bildungsforschung und den von ihr inspirierten Einrichtungen (bzw. Änderungen in denselben): es gibt schon in der frühkindlichen Erziehung Bildungskonzepte wie „Einstein in der Kita" in den Stuttgarter Kindertagesstätten; es gibt zahlreiche Bildungsakademien, die zu Unternehmen gehören und die von den eigenen Mitarbeitern besucht werden; es gibt zahlreiche weitere Einrichtungen der Hector-Stiftung wie zum Beispiel die Hector-Kinder-Akademien und anderes mehr. Was sich an dieser Stelle sagen läßt, ist, daß der begründete Verdacht besteht, daß die neue Bildungstheorie als Grundlage dient für eine Empirische Bildungsforschung, deren Aufgabe es ist, der Ökonomie qualitativ hochwertige, gebildete Arbeitskräfte zuzuführen.

3.5 WESSEN TRANSFORMATION?

Wo ein Begriff reformuliert wird, muß seine alte Fassung ihre Gültigkeit verloren haben. Wie sprechen die Theoretiker des neuen Bildungsbegriffs über den alten? Wieso soll eine Reformulierung nötig sein? Wie es schon Wilhelm von Humboldt gemacht hat, scheiden auch die neuen Theoretiker die Bildung von der Ausbildung: diese ziele auf den Erwerb eines bestimmten Könnens, sie bewegt sich „auf der Ebene des Lernens"[114]. Die alte Fassung des Bildungsbegriffs sei kanonorientiert gewesen: „Bildung als Ergebnis des Aneignens bestimmter

---

[113] Vgl. die hermeneutische Einzelfallauslegung in Marotzki, Entwurf, S. 234-354.

[114] Jörissen u. Marotzki, Medienbildung, S. 9.

Inhalte"; das Verfügen über einen normierten oder ‚kanonisierten' Wissensvorrat.[115] Aber:

> „Die verbreitete bildungsbürgerliche Vorstellung von Bildung (als Aneignung klassischer oder anderweitig verbindlicher Bildungsinhalte) hingegen kann heutzutage nicht mehr als hinreichendes Bildungskonzept verstanden werden. Vielleicht konnte die Idee, dass Bildung darin besteht, sich einen festgelegten Kanon an Inhalten anzueignen, irgendwann einmal plausibel erscheinen: in einer Epoche, in der die Welt noch als geordnetes Ganzes vorgestellt werden konnte, in der die Schriften der ‚Klassiker' noch als ewige Wahrheiten gehandelt wurden, in der die Geschichte als ein linear fortschreitender Prozess verstanden wurde (dessen End- und Höhepunkt die bürgerliche Gesellschaftsform darstellt) und in der schließlich eine europäisch-bürgerliche Leitkultur sich ganz selbstverständlich gegenüber dem Rest der (vorwiegend kolonialisierten) Welt geistig überlegen wähnte. Von einem solchen erhabenen und unerschütterlichen Standpunkt aus lassen sich Welt und die Geschichte dann nach bildungswürdigen und bildungsunwürdigen Kulturgütern einteilen. Diese Zeiten sind lange vorbei. Die Moderne und unsere als ‚zweite Moderne' bzw. ‚Postmoderne' bezeichnete Gegenwart sind durch eine ganze Reihe von Orientierungskrisen gekennzeichnet, die nach und nach jedem Glauben an einen irgendwie fixierbaren Standpunkt, von dem aus sich ein allgemein verbindliches ‚Wahres, Schönes, Gutes' festlegen ließe, eine Absage erteilt haben."[116]

Diese inhaltlich bestimmte Vorstellung von Bildung wird auch als materiale Bildung bezeichnet; sie sei obsolet, weil inzwischen deutlich geworden sei, daß andere Kulturen die Welt anders sähen; weil demzufolge meine Weltsicht nicht die einzige sei, sondern eine unter anderen. Die materiale Bildungstheorie solle deshalb durch eine formale ersetzt werden: durch die „Flexibilität des Selbst- und Weltbezuges, auf die Bildung auch bei Humboldt hinausläuft".[117] Bei Koller

---

[115] Ebd.
[116] Ebd., S. 10.
[117] Ebd., S. 12.

findet sich ein ähnlicher Befund. Bildung solle „als ein Prozess der Erfahrung beschrieben werden, aus dem ein Subjekt ‚verändert hervorgeht‛"[118]: es denkt anders und verhält sich anders zur Welt. Das nennt Koller transformatorische Bildung. Ausdrücklich bezieht auch Koller seinen Begriff von Humboldt:

> „Aktuell an Humboldts Denken ist vor allem die Anerkennung tatsächlicher Vielfalt humaner Möglichkeiten, d. h. menschlicher ‚Kräfte‛, individueller Charaktere und verschiedener Sprachen oder Sprechweisen – auch wenn diese bei Humboldt tendenziell in einer ursprünglichen oder anzustrebenden Ganzheit aufgehoben scheint, die jede radikale Differenz ausschließt. In Bezug auf eine aktuelle Reformulierung des Bildungsbegriffs ließe sich von Humboldt zudem der Gedanke übernehmen, dass Bildung in der Erweiterung und Umgestaltung der bisherigen ‚Weltansicht‛ eines Individuums besteht und dass dafür die dialogische Auseinandersetzung mit anderen Sprachen und Sprechweisen eine entscheidende Voraussetzung darstellt."[119]

Humboldt habe die Welt noch als harmonisches Ganzes sich vorstellen können; sie könne aber heute nicht mehr „so harmonisierend gedacht werden"; angesichts der „Pluralität und Heterogenität unterschiedlicher Sprachen und Denkweisen" brauche man heute ein „stärker am Dissens als an harmonischer Ergänzung orientiertes Theoriemodell"[120]. Der Inhalt des Bildungsprozesses soll also nicht mehr bestimmt sein. Neu am neuen Begriff, noch einmal, sei die Suche nach den Anstößen von Bildungsprozessen; nach der Entstehung des Neuen in ihnen; nach der empirischen Anschlußfähigkeit. War aber die Transformation des Selbst- und Weltbezuges, waren die (jetzt verabschiedeten) Inhalte des Kanons denn (alles), was den alten Begriff ausgemacht hat?

Nein. Der alte Begriff hatte, von Humboldt an, einen viel schwereren Gehalt, als es bei den neuen Theoretikern dargestellt ist. Die „verbreitete bildungsbürgerliche Vorstellung von Bildung", von der Marotzki spricht, kann nicht

---

[118] Koller, Bildung anders denken, S. 9.
[119] Ebd., S. 14.
[120] Ebd.

nur heutzutage nicht mehr „als hinreichendes Bildungskonzept verstanden werden", sondern man konnte das noch nie mit Recht; es war immer schon eine Verballhornung des Begriffs, die „ewigen Wahrheiten der Klassiker" und das „Gute, Wahre und Schöne" für den Inhalt von Bildung zu halten. Adorno hat das in Anlehnung an Marx deutlichgemacht: in seinem Aufsatz „Theorie der Halbbildung" (von den hier untersuchten Schriften zitiert ihn keine einzige) fragt er sich, wie es kommen konnte, daß so viele (formell) Gebildete, also etwa Hochschullehrer, zu Parteigängern der Nazis werden konnten.[121] Adorno beklagt, daß, marxistisch gesprochen, die Gebildeten sich nur mit den Dingen (den Phänomenen) des Überbaus befaßt haben – und daß sie die soziale Basis, also die ökonomische Verfaßtheit der Gesellschaft, ausgeblendet haben, obwohl doch sie der Grund ist, auf dem der Überbau erst ersteht.[122] Die Kultur hat aufgehört, sich für das Gesellschaftliche zu interessieren, sie hat sich zurückgezogen in einen scheinbar abgeschlossenen Raum; aber zum Begriff der Kultur hat einmal gehört, eine freiheitliche Gesellschaft zu verwirklichen; davon hat sie abgelassen; jetzt ist sie, als zurückgezogene, nicht mehr dazu fähig, gesellschaftliche Verhältnisse zu begreifen; es „ist in solcher Vergeistigung von Kultur

---

[121] Man denke etwa an die Literaturwissenschaftler André Jolles („Einfache Formen"), Max Kommerell („Jean Paul"), Clemens Lugowski („Die Form der Individualität im Roman"), die es allesamt mit den Nazis hielten. Heinz Schlaffer hat einmal geschrieben, die Geschichte der Germanistik bestehe komplementär aus bedeutungslosen Büchern, die gewirkt haben, und bedeutenden Büchern, die wirkungslos geblieben sind – zu den letzteren gehören die Schriften der drei Genannten. Walter Benjamin verzweifelte schier daran, daß Kommerell die schlauesten Sachen über Literatur schrieb, aber politisch rechts war, was den Schriften ebenfalls anzumerken war, vgl. Benjamins Rezension „Wider ein Meisterwerk" des Buches „Der Dichter als Führer in der deutschen Klassik" von Kommerell. Wie konnte es also sein, daß Leute, die in ihrem geisteswissenschaftlichen Fach große Werke hervorbrachten, auch Parteigänger der NSDAP waren? Wo man doch von Gebildeten erwarten würde, daß sie die Ideologie des NS als Unfug durchschauen?
[122] Marx stiftet die Begriffe in seiner Schrift Der achtzehnte Brumaire des Louis Bonaparte, in: ders. u. Friedrich Engels, August 1851 bis März 1853 (= Werke 8), Karl Dietz Verlag, Berlin (9., überarb. Aufl.) 2009, S. 111-207, hier S. 139.

deren Ohnmacht virtuell bereits bestätigt, das reale Leben der Menschen blind bestehenden, blind sich bewegenden Verhältnissen überantwortet."[123] Mit den blind bestehenden, blind sich bewegenden Verhältnissen meint Adorno das, was Marx das automatische Subjekt nennt[124]: der am Grund der Gesellschaft liegende, sich ohne Bewußtsein vollziehende Mechanismus des sich selbst verwertenden Werts – mit all den Krisen und Kriegen, die von ihm hervorgebracht werden. Daß Gelehrte, die die ästhetische Gestalt literarischer Texte gekonnt zu deuten vermögen, einer verbrecherischen Ideologie auf den Leim gehen können, ist

> „nicht nur ein Index fortschreitend gespaltenen Bewußtseins, sondern straft objektiv den Gehalt jener Kulturgüter, Humanität und alles, was ihr innewohnt, Lügen, wofern sie nichts sind als Kulturgüter. Ihr eigener Sinn kann nicht getrennt werden von der Einrichtung der menschlichen Dinge. Bildung, welche davon absieht, sich selbst setzt und verabsolutiert, ist schon Halbbildung geworden."[125]

Wenn der Kulturbetrieb und das Bildungssystem sich nur mit den Kulturgütern befassen, aber nicht über Politik und Wirtschaft nachdenken wollen, wenn sie nicht reflektieren wollen auf die Art und Weise, wie die Gesellschaft eingerichtet ist, werden sie dumm und verraten die in jenen enthaltenen Ideen von Humanität und Freiheit. Die Kultur (das Geistige) gibt es nicht allein. Die Vokabel „Kulturgut" selber ist verräterisch: Gut und Güter sind Sachen in ihrer Warenförmigkeit, also von der kapitalistischen Produktionsweise geprägt, namentlich

---

[123] Theodor W. Adorno, Theorie der Halbbildung, in: ders., Soziologische Schriften I (= Gesammelte Schriften 8), Suhrkamp Verlag, Frankfurt a. M. 1997 (= suhrkamp taschenbuch wissenschaft 1708), S. 93-121, hier S. 94.
[124] Es ist ein Synonym für das Kapitalverhältnis, welches Marx im ersten Band beschreibt: vgl. Karl Marx u. Friedrich Engels, Das Kapital. Erster Band (= Werke 23), Karl Dietz Verlag, Berlin (20. Aufl.) 2001.
[125] Adorno, Halbbildung, S. 94 f.

deformierte Dinge. Den „unversöhnten gesellschaftlichen Antagonismus, den Kultur heilen möchte", kann sie „als *bloße* Kultur nicht heilen"[126]. Und weiter:

> „Fraglos ist in der Idee der Bildung notwendig die eines Zustands der Menschheit ohne Status und Übervorteilung postuliert, und sobald sie davon etwas sich abmarkten läßt und sich in die Praxis der als gesellschaftlich nützliche Arbeit honorierten partikularen Zwecke verstrickt, frevelt sie an sich selbst. *Aber sie wird nicht minder schuldig durch ihre Reinheit; diese zur Ideologie.*"[127]

Adorno hat in seiner „Theorie der Halbbildung", die er 1959 als Vortrag (und im selben Jahr an mehreren Orten gedruckt) gegeben hat und die doch wohl zu den zentralen Texten der Bildungstheorie rechnet[128], die „verbreitete bildungsbürgerliche Vorstellung von Bildung" als verfallene Form von Bildung, als Halbbildung entlarvt. Es ist merkwürdig, daß die Stifter der neuen Bildungstheorie diese Verfallsform von Bildung herbeirufen, um sich von ihr zu distanzieren, wenn sie doch längst von Adorno kritisiert wurde. Wieso zitieren sie nicht die eigentliche Idee der Bildung, die „fraglos" als Ziel eine andere, inhaltlich als Abwesenheit von „Status und Übervorteilung" bestimmte Gesellschaft gesetzt hatte? Auf diesen eigentlich gemeinten Gehalt der alten Bildungstheorie wird nie bezuggenommen in den von mir untersuchten Texten zur Reformulierung der Idee der Bildung. Wenn einmal in den Schriften der neuen Theoretiker Heinz-Joachim Heydorn zitiert wird, dann nur ein Satz, der gerade nichts sagt von dem Gehalt der Bildungsidee, wie Heydorn sie beschreibt: nämlich als gegen die Herrschaft gerichtet.

---

[126] Ebd., S. 96; Hervorhebung von mir.
[127] Ebd., S. 97 f.; Hervorhebung von mir.
[128] Und die deshalb auch von Koller zitiert wird in seinem Band: Grundbegriffe, Theorien und Methoden der Erziehungswissenschaft. Eine Einführung, Verlag W. Kohlhammer, Stuttgart (7., durchgesehene Aufl.) 2014 (= Kohlhammer Urban Taschenbücher 480).

Wenn man die reformulierte Bildungstheorie vor der Folie der alten betrachtet, fällt einem noch mehr auf. Die neuen Theoretiker haben einen anderen Begriff vom Subjekt als Humboldt und seine Nachfolger. Kokemohr, Spiritus Rector der Bemühungen um die Reformulierung des Bildungsbegriffs, hält es mit den Autoren der Postmoderne, die das Subjekt, wie es seit der Aufklärung vorgestellt wird, einem Säurebad unterziehen: er denkt das Subjekt, „statt als Instanz"[129] (als autonome und intentionale Entität also), als textuell konstituiert. Nicht: ich bilde mich, sondern Bildung vollzieht sich an mir, ich bin ein Moment des Bildungsprozesses; das Subjekt der Moderne sei nur eine imaginäre Konstruktion. Bildung erscheint gelöst von dem früher als Instanz gedachten Subjekt: wenn ich durch das Fremde beansprucht oder beunruhigt werde, ändere ich (potentiell) meine Ordnungsfiguren.[130] Ein jeweils in einer bestimmten Situation auftretendes Problem soll bearbeitet werden[131]: Bildungsprozesse werden von Kokemohr immer als responsiv vorgestellt, als Reaktion auf ein je sich stellendes Problem, mit dem ich konfrontiert werde – wer oder was auch immer es stellt. Das heißt: tritt kein Anspruch eines Fremden auf, gebe ich auch keine Antwort in Form eines Bildungsprozesses. Diesen responsiven Charakter von Bildungsprozessen nehmen auch Marotzki und Koller an. Immer öfter müsse heute der einzelne mit Bildungsprozessen antworten: es ist so,

> „dass angesichts immer rascheren gesellschaftlichen Wandels und einer immer komplexer werdenden Welt Menschen immer häufiger mit Problemen konfrontiert werden, zu deren Bearbeitung ihre bisherigen Möglichkeiten nicht mehr ausreichen, und dass deshalb Bildungsprozesse im skizzierten Sinn notwendig sind."[132]

Der bedrohliche Umstand, mithalten können zu müssen, ist auch bei Marotzki ausgesprochen: es wird in der heutigen Gesellschaft „für jedermann zu einer

---

[129] Kokemohr, Anspruch des Fremden, S. 21.
[130] Vgl. z. B. ebd., S. 31.
[131] Vgl. z. B. ebd., S. 65.
[132] Koller, Entstehung, S. 51.

unverzichtbaren, ja lebensnotwendigen Fähigkeit"[133], mit Bildungsprozessen zu reagieren; „Solche Prozesse vollziehen sich nicht zu beliebigen Zeitpunkten, sondern verweisen auf das Komplexitätsniveau der (gesellschaftlich) auferlegten Problembestände"[134]. Die Gesellschaft wandelt sich immer rascher, ihr Komplexitätsniveau steigt immer weiter: dadurch sind dem einzelnen Problembestände auferlegt, die er bewältigen können muß, um weiter bestehen zu können. Die Reformulierung des Bildungsbegriffs überhaupt wird ja damit begründet, daß der alte Begriff den Anforderungen moderner Gesellschaften nicht mehr angemessen sei[135], das heißt, er muß angepaßt werden an den heutigen Zustand der Gesellschaft. Weiter geht die Analyse der Gesellschaft bei den neuen Autoren nicht. Sie passen nur den Bildungsbegriff den aktuellen Bedingungen der Gesellschaft an. Bei Humboldt hatte es noch geheißen, der Mensch „sucht [...], soviel Welt, als möglich zu ergreifen, und so eng, als er nur kann, mit sich zu verbinden"[136]: er bildet sich an dem Ganzen der Welt; er nimmt die Welt gleichsam in sich auf, dabei die zerstreuende und verwirrende Vielheit, deren er gewahr wird, ordnend zu einem Ganzen, welches in seiner Verkettung überblickt wird: der Mensch erhebt sich „zu diesem höheren Standpunkt und dieser allgemeineren Uebersicht"[137]; der einzelne, der das Weltganze solcherart gefaßt hat, das gebildete Ich, wolle dann mit der verstandenen „Welt zu der allgemeinsten, regesten und freiesten Wechselwirkung"[138] kommen. „Man fordert", daß der Mensch sowohl den von ihm gebildeten Verfassungen wie auch der leblosen Natur „das Gepräge seines Werthes sichtbar aufdrücke" und „noch der Nachkommenschaft einhauche"[139], damit die getroffenen Einrichtungen fortdauern und höhergebildet werden können. Von Humboldt an zielte die Bil-

---

[133] Marotzki, Entwurf, S. 48.

[134] Ebd., S. 131.

[135] Vgl. z. B. Koller, Bildung anders denken, S. 10.

[136] Wilhelm von Humboldt, Theorie der Bildung des Menschen. Bruchstück, in: ders., Schriften zur Anthropologie und Geschichte (= Werke 1), Wissenschaftliche Buchgesellschaft, Darmstadt 1960, S. 234-240, hier S. 235.

[137] Ebd., S. 234.

[138] Ebd., S. 235 f.

[139] Ebd., S. 236.

dung auf Weltverstehen und darauf, die Welt zu verändern. Der Mensch sollte Subjekt seiner eigenen Geschichte werden; dem neuen Begriff nach ist Bildung nur noch die Reaktion auf die Bewegungen der Gesellschaft (welche im Kapitalverhältnis begründet sind), der Mensch erscheint als Objekt von Verhältnissen, die er nicht durchschaut. Kein einziges Mal bringen die neuen Autoren auf den Begriff, was es mit der heutigen Gesellschaft auf sich hat: die ganze Welt ist heute kapitalistisch verfaßt, in stärkerer Ausprägung als je: was die geographische Ausdehnung anlangt; was die politischen Gegenbewegungen betrifft: sie sind verschwunden; als auch, was die „Tiefe" angeht: der Entwicklungsgrad der Produktivkräfte ist so hoch wie noch nie in der Geschichte. Des Ziels, Herrschaft, Ausbeutung, ungleiche Machtverhältnisse aus der Welt zu schaffen, haben die neuen Theoretiker sich begeben: man erklärt „den radikalen Verzicht auf eine Teleologie"[140]. Man will nicht mehr die Welt begreifen, um ihre Einrichtung zu verbessern, sondern man läßt, mit Adorno, „das reale Leben der Menschen blind bestehenden, blind sich bewegenden Verhältnissen überantwortet":

> „Um also der (gesellschaftlichen) Umwelt gewachsen zu sein, ist es, das wäre vor allem in pädagogischer Perspektive festzuhalten, erforderlich, das Komplexitätsniveau für Lernprozesse dem Komplexitätsniveau der Umwelt anzupassen. Das ist die entscheidende Leistung von Bildungsprozessen, wie ich sie verstehe"[141].

Es gibt einen frühen Text (aus dem Jahr 1988) von Otto Hansmann und Marotzki, in dem die beiden Überlegungen anstellen „zur Aktualität des Bildungsbegriffs unter veränderten Bedingungen der gegenwärtigen Gesellschaft". Dort sagen sie bereits, daß aufgrund technologischer Entwicklungen die Anforderungen in der Arbeitswelt sich ändern; daß der Bildungsbegriff entsprechend geändert werden muß. Daß der angepaßte Begriff empirisch anschlußfähig sein solle, sagen sie noch nicht. Sie betonen, daß es dringende praktische soziale

---

[140] Marotzki, Entwurf, S. 204.
[141] Ebd., S. 217.

und ökologische Probleme gebe; ja daß die globale Vernichtung der Lebensbedingungen drohe. Bei der Reformulierung des Bildungsbegriffs, schließen die Autoren, stehe eines fest: „Im Geist der Aufklärung hält Bildung an einem normativen Fundament fest, nämlich, daß Selbstbestimmung und Autonomie des Menschen sein sollen."[142] Sie gaben hier keine Gesellschaftsanalyse, hatten aber noch im Bewußtsein, daß die Zustände in der Welt miserabel sind; sie wollten noch an der Norm der Selbstbestimmung des Menschen als Ziel von Bildung festhalten, das heißt, an der Abschaffung all dessen, was der Selbstbestimmung im Weg steht. Solche deutlich gesellschaftskritischen, auf die Änderung der „Einrichtung der menschlichen Dinge" (Adorno) zielende und außerdem dem Subjektbegriff der Aufklärung noch verhafteten Sätze sucht man in den Schriften ab 1990 vergebens. Das gebildete Subjekt Marotzkis (Jörissens, Kokemohrs und Kollers) kann sich gar nicht mehr begreifen als das autonome Subjekt, das sich zum Herrn seiner eigenen Geschichte macht; das als Subjekt die Struktur wandelt nach einer ganz bestimmten (früher hätte man gesagt: progressiven) Richtung hin, sondern bei den neuen Autoren blicken die Subjekte (die eigentlich gar nicht mehr so heißen dürften) entsetzt auf einen Strukturwandel, den sie gar nicht mehr begreifen können; den sie nur oberflächlich als Wandel der Struktur ansehen können, ohne zu ergründen (ohne ergründen zu wollen), welcher Mechanismus sich hier vollzieht (welches die Bewegungsgesetze der Gesellschaft sind) und wie man darin eingreifen könnte, daß die ökonomischen und ökologischen Schäden ausbleiben. Dem im Sinn der neuen Theoretiker gebildeten Individuum bleibt nur noch, dem Strukturwandel, den „blind sich bewegenden Verhältnissen" Adornos, sich anzupassen; es hinzunehmen, daß es so ist; flexibel darauf zu reagieren, um nicht unter die Räder der Maschine zu kommen, die da läuft und läuft. Eine beispielhafte Wendung heißt: „[...] wenn Menschen nicht genau wissen, wie die Verhältnisse sich morgen entwickeln werden [...]"[143] – genau das ist es: die „Verhältnisse entwickeln

---

[142] Otto Hansmann u. Winfried Marotzki, Zur Aktualität des Bildungsbegriffs unter veränderten Bedingungen der Gesellschaft, in: Pädagogik 40 (1998), H. 7/8, S. 25-29, hier S. 29.
[143] Jörissen u. Marotzki, Medienbildung, S. 17.

sich": auch grammatikalisch sind sie ihr eigenes Subjekt; die ältere Vorstellung wäre gewesen: der Mensch tritt aus der Unmündigkeit aus als selbst-bewußtes Subjekt und prägt die Welt im Sinn der Aufklärung; wird Subjekt der eigenen Geschichte, statt ein Schicksal zu erleiden; er stiftet, statt zu akzeptieren; er entwickelt die Verhältnisse. Adorno (und andere kritische Theoretiker wie seinerzeit Franz Neumann, wie heute Moishe Postone) konnte(n) aufweisen, was es mit dem modernen Antisemitismus auf sich hat: wer nicht auf die soziale Basis (das Kapitalverhältnis, die ökonomische Verfaßtheit der Gesellschaft, das automatische Subjekt usf.) reflektiert, kann die Verwerfungen, Turbulenzen und Krisen der Gesellschaft nicht richtig deuten; er neigt dazu, diese Phänomene dem Treiben böser Personen zuzuschreiben: dem gierigen Kaufmann, der Bank, dem Spekulanten, den Heuschrecken, dem Wall Street-Juden. Der gesellschaftliche Widerspruch wird dann falsch aufgehoben: indem den Bösen das Handwerk gelegt wird: durch deren Vernichtung. Marx dagegen hatte vorgeschlagen, den Antagonismus aufzuheben durch die Überführung der Produktionsmittel vom Privateigentum in öffentliches Eigentum, durch die Ersetzung der Profitwirtschaft (in ihr ist der Tauschwert zentral) durch die an der Bedarfslage orientierte Ökonomie (in ihr ist der Gebrauchswert zentral). Das Ausblenden des ökonomischen Grunds der Gesellschaft ist Halbbildung:

> „Dem Halbgebildeten verzaubert alles Mittelbare sich in Unmittelbarkeit, noch das übermächtige Ferne. Daher die Tendenz zur Personalisierung: objektive Verhältnisse werden einzelnen Personen zur Last geschrieben oder von einzelnen Personen [wird] das Heil erwartet."[144]

Die neuen Theoretiker verzichten nicht nur auf die inhaltliche Bestimmung des Bildungsbegriffs: die Struktur der Gesellschaft so zu verändern, daß es keinen Status und keine Übervorteilung mehr gibt. Sondern sie betreiben auch keine Analyse der gesellschaftlichen Struktur, deren Teil ja sowohl das Bildungssystem (die Profession der Pädagogik) ist als auch der einzelne Mensch. Sie nehmen es hin, sie konstatieren einfach nur, daß das gesellschaftliche Getriebe

---

[144] Adorno, Halbbildung, S. 118.

Anforderungen an den einzelnen stellt, daß vom Bildungssystem gefordert ist, den einzelnen darauf vorzubereiten. Lehnte der sich zu weit aus dem Fenster, der den neuen Theoretikern den Vorwurf machen wollte, durch ihr Nicht-Reflektieren auf die (geschichtlich gewachsene) Struktur der Ökonomie verfielen sie selbst dem Verdikt der Halbbildung?

Jörissen und Marotzki schreiben, der alte Bildungsbegriff habe sich die Geschichte noch vorgestellt als einen linear ablaufenden Prozeß, dessen Höhe- und Endpunkt die bürgerliche Gesellschaftsform darstelle. Das ist nicht wahr. Wie Heinz-Joachim Heydorn in seinem Opus Magnum „Über den Widerspruch von Bildung und Herrschaft" zeigt, läuft schon früh, auch bei Humboldt, Reflexivität darauf hinaus, Herrschaft und Ausbeutung aus der Welt zu schaffen, das heißt: Ziel der Geschichte ist es, auch die bürgerliche Gesellschaft zu überwinden. Heydorn argumentiert konsequent marxistisch: die bürgerliche Gesellschaft (genauer: die bürgerliche Produktionsweise) entwickelt rasant die Produktivkräfte (sie verkleinert den Anteil der menschlichen Arbeitskraft an den Waren und Dienstleistungen; die gleiche Zahl von Menschen bringt jedes Jahr mehr Waren und Dienstleistungen hervor); das heißt: der objektive Faktor für eine andere Gesellschaft verbessert sich unausgesetzt. Der subjektive Faktor wäre der Bewußtseinsgrad der Menschen. Wie steht es mit ihm? Die hochkomplexe Gesellschaft verlangt sowohl quantitativ als auch qualitativ immer mehr Bildung: es braucht aus Gründen der Produktivität eine immer größere Zahl von Menschen, die einen immer höheren Bildungsgrad haben, das heißt: die nicht nur ein bestimmtes Wissen angehäuft haben, sondern die reflektieren können auf Bedingungen, Axiome, Voraussetzungen; die auf diese Weise bis auf das Fundament einer Sache blicken können, wodurch dasselbe schon erschüttert ist. Diese Fähigkeit zur Reflexivität, zur Abstraktion ist hochgefährlich für das Bestehende: denn nicht nur im Produktionsprozeß und im Alltag der globalisierten Welt ist diese Fertigkeit notwendig, sondern sie befähigt den einzelnen (potentiell) auch, das Fundament der Gesellschaft zu durchschauen: man kann einsehen, daß das Gemeinwesen auch ganz anders eingerichtet sein könnte, daß namentlich Herrschaft, ungleiche Machtverhältnisse, Ausbeutung – nicht in der Welt sein müßten. Auf diese Weise bringt die falsch verfaßte Gesellschaft nicht nur materiell, sondern (potentiell) auch bewußtseinsmäßig ihre eigenen

Totengräber hervor. Heydorns Buch ist ein Geschichtsbuch und ein Grundbuch der Pädagogik. Er zeigt, daß es tatsächlich einen geschichtlichen Prozeß gibt: er besteht in der langsamen, in der griechischen Antike und im Judentum beginnenden Ausfaltung von Reflexivität; in den einzelnen Etappen gibt es immer wieder durch Reflexivität entzündete Rebellionen, die scheitern (mußten); als Ziel von Bildung stehe aber fest: die Abschaffung von Herrschaft. Die heutige, hochkomplexe Gesellschaft braucht Arbeitskräfte, die man mit Heydorn als Produktionsidioten 4.0 beschreiben könnte[145]: zu ihrer Ausbildung muß die Fähigkeit gehören, die man Bildung nennt, da sie vom Produktionsprozeß und auch im Alltag erheischt wird. Was die neuen Theoretiker beschreiben, ist schon zu Heydorns Zeiten so ähnlich gesagt worden; eine Gruppe von Pädagogen wolte ebenfalls den Begriff der Bildung reformulieren, und Heydorn antwortete:

> „Dem funktionsgerechten Wertrelativismus wird ein indifferenter Toleranzbegriff folgerichtig zugeordnet; Toleranz als Funktionsaspekt. Die bewußte Differenz stört den Produktionsablauf. So ist es nur logisch, daß ‚kooperatives Verhalten' als ‚Arbeitsform, nicht als Gesinnung' verstanden wird, Kooperation ist Bewußtlosigkeit. Zum konformen Verhalten gehören nach der ‚Demokratischen Leistungsschule' die ‚Beherrschung differenzierter Kommunikationsformen, die Fähigkeit zur teamartigen Zusammenarbeit und die Tolerierung andersartiger Meinungen und Überzeugungen'. Kein Hinweis, daß Toleranz die Grenze der Selbsterhaltung innerhalb einer geistigen Spannung anzeigt, die den Menschen zum Menschen erhebt. So schließt sich der Toleranzargumentation eine leere Funktionsgrundlage an. ‚In einer rasch sich wandelnden Welt hat die Erziehung zum mündigen Menschen schließlich noch die Bewältigung der Mobilität zu vermitteln: Sie muß bereits in der Schule auf das Leben in festen Bezugsgruppen, wie der Familie einerseits, und in rasch wechselnden Bezugsgruppen (z. B. Arbeitskollegen, Geschäftspartner, Mitglieder einer Reisegesellschaft) andererseits, vorbereiten'. Betrieb und Reisegesellschaft werden identifiziert; der poli-

---

[145] Die schöne Vokabel vom Produktionsidioten stiftet Heydorn auf S. 79 seines Buchs Über den Widerspruch von Bildung und Herrschaft (= Werke 3), Topos Verlag, Vaduz 1995.

tische Hintersinn ist unverkennbar. Toleranz bedeutet Flexibilität, Unfestlegbarkeit, schnellen Rollenwechsel. Reibungen werden ausgeschlossen. Es sind diese ‚sozialen Tugenden', die in einer ‚demokratischen, pluralistischen, hochindustrialisierten Gesellschaft' notwendig sind, es in der Tat sind, wenn man den Kapitalismus verewigen will. Das liturgische Repertoire wird ständig wiederholt. Das Individuum soll die Konflikte bewältigen, die sich ‚aus unterschiedlichen Rollenerwartungen', mithin aus der Klassenstruktur der Gesellschaft ergeben, um sie ‚rational' meistern zu können; es soll in der Lage sein, ‚flexibel auf die Anforderungen der sozialen Umwelt zu reagieren'."[146]

Die Fähigkeit zur Reflexivität, ein Habitus der Tentativität allein im Dienst des ungestörten Betriebsablaufs: das war schon damals, 1970, ein Gegenstand der Kritik. Festzuhalten bleibt, daß das Neue am neuen Begriff nicht neu ist, sondern es handelt sich um einen wesentlichen Teil des alten Begriffs: nämlich Reflexivität als Voraussetzung zur Transformation. Nur ist ein ebenso wesentlicher Teil des alten Begriffs abgetrennt worden: ausdrücklich responsiv, auf die Anforderungen von außen, werden Bildungsprozesse angestoßen; auf die gesellschaftlichen Bedingungen soll nicht mehr reflektiert werden mit dem Ziel ihrer Aufhebung, mit dem Ziel der Abschaffung von Herrschaft. Der alte Begriff hatte nicht nur auf die Transformation meiner Haltung in eine bestimmten Richtung hinausgewollt, er hatte auch auf die Transformation der als falsch erkannten Gesellschaft gedrungen. Heydorn war ein Staatsfeind auf dem Lehrstuhl. Die neuen Theoretiker sind das nicht. Ihr gleichsam amputierter Begriff befördert nur die Anpassung des einzelnen an das Bestehende, das ist die Perpetuierung der machtdurchwirkten, der von Herrschaft und Ausbeutung geprägten Gesellschaft. Ich will dabei gar nicht behaupten, das sei in der Absicht der neuen Autoren geschehen. Aber die Absicht zählt auch nicht (so viel). Es ist jedenfalls so, daß unter den Bedingungen der bestehenden Gesellschaft Transformationen einzelner inhaltlich eben doch bestimmt sind: nämlich vom Inhalt der Gesellschaft.

---

[146] Ebd., S. 302 f.

4 SCHLUSSBEMERKUNG

Im ersten Unterkapitel meiner Arbeit habe ich gezeigt, daß der reformulierte Begriff der Bildung, welcher postuliert, es sollten die Wechsel in *alle* Erfahrungsmodi der Selbst- und Weltauffordnung als Bildungsprozesse gelten, unter der Kritik einiger Autoren, von Koller spezifiziert wurde: mit Lyotard soll, wenn grundverschiedene Auffassungen (verschiedene Diskursarten) aufeinandertreffen, dieser Widerstreit offengehalten (und bearbeitet) werden. Der Wechsel zum Nazi, also zu einer Haltung, die die anderen vernichten will, ist demnach kein Bildungsprozeß. Dieses Konzept ist das tauglichste, wenn man den neuen Begriff sichern will, obwohl auch hier, in den konkreten Fällen, die Grenzen nicht leicht zu bestimmen sein werden, an denen ein Offenhalten kippt in Übervorteilung.

Es zeigt sich schon hier, daß es sich bei dem neuen Begriff um einen liberalen[147] handelt: Menschen sollen kooperieren und ihnen auferlegte Probleme lösen: Transformationen des Selbst- und Weltverhältnisses des einzelnen sind dann erlaubt, ja geboten, wenn dadurch Probleme gelöst werden; was das Getriebe stört, ist nicht erlaubt. Ich habe mich dann befaßt mit der Formanalyse von Medien, wie sie Jörissen und Marotzki betreiben: diese Analysen sind plausibel. (Allerdings ist das alles nicht neu: seit die Kunst sich zur Kunst emanzipiert hat, zeigen diese Gebilde (teilweise) ins äußerste ausgefaltete Reflexivität; Šklovskij, einer der Theoretiker, auf die Jörissen und Marotzki sich stützen, hat das am Beispiel des Romans „Tristram Shandy" (18. Jh.!) von Laurence Sterne aufgewiesen.) Die Beschreibung verschiedener Medien, die Ausmessung ihres jeweiligen „Bildungswertes" für den Betrachter (den Nutzer), die Klassifikation: mehr oder weniger „bildungsmäßig wertvoll", habe ich als Vorschlag an den einzelnen interpretiert, sich mit der Entscheidung für die richtigen Medien selber zu trimmen; anhand der richtigen Medien die eigene Fähigkeit zur Reflexivität, zur Tentativität zu trainieren. Die neuen Theoretiker machen immer wieder deutlich, daß dem einzelnen heute diese Fertigkeit abverlangt wird.

---

[147] So ausdrücklich auch Kokemohr, Anspruch des Fremden, S. 25.

In dem Abschnitt über die Theoreme des Neuen, des Fremden, des Anderen zeige ich, daß die Fähigkeit des einzelnen, mit Befremdendem umzugehen, wie auch die, Neues denken zu können, vom Produktionsprozeß heute mehr als je verlangt wird: die Bildung, wie die neuen Theoretiker sie vorschlagen, steht im Dienst der Produktivität. Auch das Dringen darauf, der reformulierte Begriff solle empirisch anschlußfähig sein, dient nur der Optimierung der Produktivität.

Im letzten Unterkapitel konfrontiere ich den reformulierten Begriff mit dem alten, dem, der in der Traditionslinie von Humboldt über Adorno zu Heydorn steht. Es zeigt sich hier, daß dieser Begriff, der von den neuen Theoretikern nicht herbeigerufen wird, sondern verschwiegen, auch schon empirisch gesättigt war, wenn auch auf andere Weise: Heydorn hat in einem Durchgang durch die Geschichte deutlichgemacht, daß Reflexivität sich einmal gezeigt hat; daß dann, in immer neuen Schüben, Reflexivität sich weiter ausgefaltet hat; daß das von der Produktion erheischt wird, heute mehr als je; daß stets das weiter sich Ausfalten von Reflexivität verbunden war mit politischen Bestrebungen, die zum Ziel hatten, Herrschaft aus der Welt zu schaffen. Die Entfaltung von Reflexivität korrespondiert mit dem Ansteigen des Entwicklungsgrades der Produktivkräfte; es gibt also doch einen geschichtlichen Prozeß. Das kollektive revolutionäre Handeln der Menschen als Ziel der Bildung – das kommt in der neuen Theorie nicht mehr vor. Die eine Seite des zweischneidigen Moments, also die Gefahr respektive die Hoffnung, die im Dienst der Produktivität stehende Bildung werde in gesellschaftstransformierende kollektive Kraft umschlagen, ist bei den neuen Theoretikern abgeschnitten. Bildung erscheint nur noch als die Fähigkeit des einzelnen, dem jeweils Auferlegten gerecht zu werden, als zur ganz vom einzelnen verinnerlichten Tugend der Wendigkeit und Flexibilität geworden so, wie von Foucault beschrieben. Die neuen Theoretiker haben den linken Begriff der Bildung ersetzt durch einen liberalen; hierin spiegelt sich der Geist der Zeit. Festzuhalten aber wäre am alten Begriff, wenn die neue Zeit nicht an sich selber zuschanden werden will durch ihre außer Rand und Band geratene Ökonomie.

LITERATURVERZEICHNIS
BÜCHER UND AUFSÄTZE

Adorno, Theodor W., Minima Moralia. Reflexionen aus dem beschädigten Leben (= Gesammelte Schriften 4), Suhrkamp Verlag, Frankfurt a. M. 1997 (= suhrkamp taschenbuch wissenschaft 1704).

Adorno, Theodor W., Negative Dialektik, in: ders., Negative Dialektik. Jargon der Eigentlichkeit (= Gesammelte Schriften 6), Suhrkamp Verlag, Frankfurt a. M. 1997 (= suhrkamp taschenbuch wissenschaft 1706), S. 7-412.

Adorno, Theodor W., Theorie der Halbbildung, in: ders., Soziologische Schriften I (= Gesammelte Schriften 8), Suhrkamp Verlag, Frankfurt a. M. 1997 (= suhrkamp taschenbuch wissenschaft 1708), S. 93-121.

Cüppers, Martin, Gustav Lombard – ein engagierter Judenmörder aus der Waffen-SS, in: Klaus-Michael Mallmann u. Gerhard Paul (Hrsg.), Karrieren der Gewalt. Nationalsozialistische Täterbiographien, Wissenschaftliche Buchgesellschaft, Darmstadt 2004 (= Veröffentlichungen der Forschungsstelle Ludwigsburg der Universität Stuttgart 2), S. 145-155.

Foucault, Michel, Die Maschen der Macht, in: ders., Botschaften der Macht. Der Foucault-Reader. Diskurs und Medien, hrsg. v. Jan Engelmann, Deutsche Verlags-Anstalt, Stuttgart 1999, S. 172-186.

Gremliza, Hermann L., Kapitalistische Antifa?, in: ders., Gegen Deutschland. 48 Nestbeschmutzungen, Konkret Literatur Verlag, Hamburg 2000, S. 34-37.

Hansmann, Otto u. Winfried Marotzki, Zur Aktualität des Bildungsbegriffs unter veränderten Bedingungen der gegenwärtigen Gesellschaft, in: Pädagogik 40 (1988), H. 7/8, S. 25-29.

Heydorn, Heinz-Joachim, Über den Widerspruch von Bildung und Herrschaft (= Werke 3), Topos Verlag, Vaduz 1995.

Humboldt, Wilhelm von, Theorie der Bildung des Menschen. Bruchstück, in: ders., Schriften zur Anthropologie und Geschichte (= Werke 1), Wissenschaftliche Buchgesellschaft, Darmstadt 1960, S. 234-240.

Jörissen, Benjamin u. Winfried Marotzki, Medienbildung – Eine Einführung. Theorie – Methoden – Analysen, Verlag Julius Klinkhardt, Bad Heilbrunn 2009 (= UTB 3189).

Kokemohr, Rainer, Bildung als Welt- und Selbstentwurf im Anspruch des Fremden. Eine theoretisch-empirische Annäherung an eine Bildungsprozesstheorie, in: Hans-Christoph Koller, Winfried Marotzki u. Olaf Sanders (Hrsg.), Bildungsprozesse und Fremdheitserfahrung. Beiträge zu einer Theorie transformatorischer Bildungsprozesse, transcript Verlag, Bielefeld 2007 (= Theorie Bilden 7), S. 13-67.

Koller, Hans-Christoph, Probleme einer Theorie transformatorischer Bildungsprozesse, in: ders., Winfried Marotzki u. Olaf Sanders (Hrsg.), Bildungsprozesse und Fremdheitserfahrung. Beiträge zu einer Theorie transformatorischer Bildungsprozesse, transcript Verlag, Bielefeld 2007 (= Theorie Bilden 7), S. 69-81.

Koller, Hans-Christoph, Bildung als Entstehung neuen Wissens? Zur Genese des Neuen in transformatorischen Bildungsprozessen, in: Hans-Rüdiger Müller u. Wassilios Stravoravdis (Hrsg.), Bildung im Horizont der Wissensgesellschaft, VS Verlag für Sozialwissenschaften, Wiesbaden 2007, S. 49-66.

Koller, Hans-Christoph, Bildung anders denken. Einführung in die Theorie transformatorischer Bildungsprozesse, Verlag W. Kohlhammer, Stuttgart 2012.

Koller, Hans-Christoph, Grundbegriffe, Theorien und Methoden der Erziehungswissenschaft. Eine Einführung, Verlag W. Kohlhammer, Stuttgart (7.,
durchgesehene Aufl.) 2014 (= Kohlhammer Urban Taschenbücher
480).

Koller, Hans-Christoph, Ist jede Transformation als Bildungsprozess zu begreifen? Zur Frage der Normativität des Konzepts transformatorischer Bildungsprozesse, in: Dan Verständig, Jens Holze u. Ralf Biermann
(Hrsg.), Von der Bildung zur Medienbildung. Festschrift für Winfried
Marotzki, Springer VS, Wiesbaden 2016, S. 149-161.

Marotzki, Winfried, Entwurf einer strukturalen Bildungstheorie. Biographiethe-
oretische Auslegung von Bildungsprozessen in hochkomplexen Gesellschaften, Deutscher Studien Verlag, Weinheim 1990 (= Studien zur
Philosophie und Theorie der Bildung 3).

Marx, Karl, Der achtzehnte Brumaire des Louis Bonaparte, in: ders. u. Friedrich
Engels, August 1851 bis März 1853 (= Werke 8), Karl Dietz Verlag,
Berlin (9., überarb. Aufl.) 2009, S. 111-207.

Marx, Karl u. Friedrich Engels, Das Kapital. Erster Band (= Werke 23), Karl Dietz
Verlag, Berlin (20. Aufl.) 2001.

Rieger-Ladich, Markus, Walter White aka „Heisenberg". Eine bildungstheoretische Provokation, in: Vierteljahrsschrift für wissenschaftliche Pädagogik 90 (2014), H. 1, S. 17-32.

Sadiku, Cendrese, Privat finanziertes Hector-Institut für Bildungsforschung gegründet, in: bildung und wissenschaft (b & w) – Zeitschrift der Gewerkschaft Erziehung und Wissenschaft Baden Württemberg 68
(2014), H. 10, S. 6.

ZEITUNGEN UND INTERNETQUELLEN

Frankfurter Allgemeine Zeitung, Nr. 100, 29. April 2017.

Nürtinger Zeitung, Nr. 104, 6. Mai 2017.

Stuttgarter Zeitung, Nr. 99, 29. April 2017.

Wirtschaftsmagazin, Sonderveröffentlichung des Reutlinger Generalanzeiger, Nr. 13, April 2017.

Die Zeit, Nr. 18, 27. April 2017.

www.konradin.de/de/karriere/ (abgerufen am 4. Mai 2017).

www.uni-tuebingen.de/index.php?eID=tx_naw-securedl&u=0&g=0&t=1494774670&hash=b28b1aa8d87a5311b675352e1513c0d71134e6ab&file=fileadmin/Uni_Tuebingen/Fakultaeten/SozialVerhalten/Insitut_f%C3%BCr_Erziehungswissenschaft/Dokumente/Empirische_Bildungsforschung/Forschung/EBPP_-_MINT_V.pdf (abgerufen am 13. Mai 2017). ´

www.wiso.uni-tuebingen.de/faecher/hector-institut-fuer-empirische-bildungsforschung/forschung/laufende-studien/moma.html (abgerufen am 13. Mai 2017).